오래된

새 길

오래된 새 길

저자 김기석

1판 1쇄 발행 2012. 9. 27. | 1판 7쇄 발행 2023. 11. 1. | **발행처 포이에마** | **발행인 고세규** |
등록번호 제300-2006-190호 | **등록일자** 2006. 10. 16. | 서울특별시 종로구 북촌로 63-3
우편번호 03052 | 마케팅부 02)3668-3260, 편집부 02)730-8648, 팩스 02)745-4827

값은 뒤표지에 있습니다. | ISBN 978-89-97760-14-5 03230 | 독자의견 전화 02)730-8648
| 이메일 masterpiece@poiema.co.kr | 좋은 독자가 좋은 책을 만듭니다. | 포이에마는 독자
여러분의 의견에 항상 귀를 기울이고 있습니다.

오래된

새 길

김 기 석 지 음

포이에마
POIEMA

3. 사도신경: '믿습니다'라는 열두 번의 고백

길 찾아 나선 사람들에게

/

내가 이곳에서 온갖 추악함을 보고 온갖 행위를 다 저지른 다음
에도 견뎌 내려면, 내 사랑이여, 내가 알아야 할 진실이 한 가지,
꼭 한 가지인데 나는 왜 싸우나요? 누구를 위하여 내가 싸우는
것일까요?

니코스 카잔차키스의 《전쟁과 신부》에 등장하는 레오니다스
의 물음이다. 그는 온갖 일을 다 겪으면서도 결코 생을 포기
할 수 없는 이유를 묻고 있다. 왜, 그리고 누구를 위해서 싸
우는가? 달리 말해 우리가 무엇을 위해 살고 죽는지를 안다
면 우리의 행동은 숭고해질 것이다. 그러나 이 질문에 대한
답은 쉽게 얻어지지 않는다. 성년의 숲을 어린아이처럼 방

황하는 것은 비단 카프카만은 아닐 것이다. 나이 마흔이 되니 미혹되지 않았고, 쉰이 되니 하늘의 명을 알았다고 말했던 이는 얼마나 당당한가. 알 듯도 하고 모를 듯도 한 세상 길을 허정허정 걸어가는 동안 영혼은 더욱 파리해져 간다.

갈림길 앞에 선 사람들에게

사람은 누구나 길을 찾는다. 늘 같은 길을 걷는 사람이라 해도 어느 순간 그 길이 낯설게 여겨질 때가 오게 마련이다. 짐짓 외면한 채 살아왔던 본래적 실존이 우리를 소환하는 순간이다. 의식적이든 무의식적이든 외면하고 있던 삶의 의미에 대한 물음 앞에 서는 순간 삶은 갑자기 모호해진다. 그 순간은 모든 것을 끌어들이는 소용돌이와 같아서 기존의 가치질서가 더 이상 작동하지 않는다. 그 순간 아우구스티누스는 눈물을 흘렸고, 바울은 앞을 볼 수 없게 되었다. 단테는 그의 《신곡》을 "한뉘 나그넷길 반 고비에 / 올바른 길 잃고 헤매이던 나 / 컴컴한 숲 속에 서 있었노라"라는 말로 시작한다. 기가 막히지 않은가? 방황은 인간의 운명이다.

수십 년 동안 교회에 다녔지만 자신이 하나님을 믿는지 안 믿는지 모르겠다고 말하는 이들이 있다. 그들은 믿음 없는 이들이 아니라 정직한 이들이다. 어느 순간 확신에 차 있다가 다음 순간 회의의 늪에 빠지기도 하는 것이 믿음의 운명이다. 교조적 믿음은 회의를 불신앙이라 일컫는다. 하지만 진정한 믿음은 불확실성과의 정직한 대면을 통해 성장한다. 문제는 근기根氣다. 답 없는 물음을 품고 살아가기란 여간 어려운 일이 아니다. 그래서 사람은 손쉬운 해답에 자기 삶을 의탁하기도 한다. 사람은 스스로 자유롭기를 바라면서도 누군가의 충고를 기다리고, 권위로부터 벗어나기를 원하면서도 또한 기대고 싶어 한다. 인생이라는 가풀막을 우죽거리며 걷고 있는 이들 가운데 갈림길 앞에서 망설이지 않는 사람은 하나도 없다.

다른 길은 포기한 사람들에게

삶은 선택이다. 그리고 선택은 모험이다. 오류 가능성이 있음에도 불구하고 길을 선택해야 한다는 것, 그리고 그 선택에 책임을 져야 한다는 것, 그것이 삶의 엄중함이다. 하나의 길을 선택하는 순간 다른 길은 포기하지 않을 수 없다. 선택한 길은 또 다른 길로 연장되게 마련이다. 아예 돌이킬 수 없는 것은 아니지만 쉽지는 않다. 그렇기에 선택은 신중해야 하고, 단호해야 한다.

'나는 길이다, 진리다, 생명이다'라고 선언했던 서른 살 예수는 얼마나 댕돌같은가. 마음의 심지에 하늘 뜻이라는 불꽃이 점화되자 그는 직립의 사람이 되었다. 그는 자기의 정체를 '보냄을 받은 자'로 여겼다. 보냄을 받은 자로 산다는 것은 보내신 분의 뜻대로 산다는 것이다. 나를 여읜 자만이 할 수 있는 말이다. 하지만 보냄을 받은 자와 보내신 분은 둘이 아니다. 상호내주하는 관계이기 때문이다. 그 뜻은 강요된 것도, 일방적으로 부과된 것도 아니기에 비애가 들어설 틈이 없다. 예수가 비애를 느꼈다면 그것은 말귀를 알아듣지 못하는 세상 때문이지, 십자가가 무거워서는 아니었을 것이다.

예수를 자기 길로 삼은 사람들에게

예수를 길이라 고백하는 이들은 그 길을 자기 길로 삼은 사람들이다. 그 길은 외길이 아니다. 사방으로 열려 있다. 각자에게 주어진 삶의 자리에 따라 그 길은 각기 다른 모양으로 나타나기 때문이다. 하지만 그 길의 중심에는 언제나 예수가 있어야 한다. 가볍게 떨리면서도 항상 북쪽을 가리키는 나침반처럼 우리에게 예수라는 중심을 가리켜 보이는 가르침이 있으면 좋겠다.

출애굽의 대강령이라 할 수 있는 십계명과 예수 정신의 핵심이 담겨 있는 주기도문 그리고 교회의 신앙고백인 사도신경이 떠오른다. 그것은 적어도 우리를 바른 길로 인도하는 이정표가 되기에 충분하다.

아주 여러 해 전에 구도자의 심정으로 썼던 글들을 모았다. 십계명, 주기도문, 사도신경의 삶의 자리를 짚어보는 동시에 우리 삶의 맥락에서 재해석하려고 노력했다. 그것은 개인적으로는 치열한 길 찾기의 시도였다. 이미 익숙한 길이라 해도 그 길은 언제나 새로운 길일 수밖에 없었기에. 차가운 개울에 징검돌 하나를 놓는 마음으로 이 책을 내놓는다. 길이 끊긴 곳에서 서성이는 누군가에게 문득 힘이 되기를 바라며. 잠포록한 날이면 마음이 절로 숙연해져 헤르만 헤세의 시 〈목표를 향해서〉를 읊조리고 또 읊조린다.

언제나 나는 목표도 없이 걸었다.
한 번도 쉰다는 생각은 해보지 않았다.
내가 걷는 길들은 끝이 없는 것 같았다.

마침내 한 자리만을 계속 맴돌고 있음을
알았을 때 나는 방랑에 싫증이 났다.

그날이 바로 내 인생의 전환점이었다.

이제 나는 머뭇대면서 목표를 향해 걷고 있다.

내가 가는 길마다 죽음이 서 있다가

내게 손을 내민다는 것을 알았기 때문에.

／

조금씩 흔들리며 북쪽을 가리키는 나침반처럼,
기독교인은 삶으로 하나님을 가리키는 나그네들이다.

／

제일은, 너는 나 외에는 다른 신들을 네게 두지 말라.

제이는, 너를 위하여 새긴 우상을 만들지 말고,

　　　　또 위로 하늘에 있는 것이나 아래로 땅에 있는

　　　　것이나 땅 아래 물 속에 있는 것의 어떤 형상도

　　　　만들지 말며, 그것들에게 절하지 말며,

　　　　그것들을 섬기지 말라.

제삼은, 너는 네 하나님 여호와의 이름을 망령되게

　　　　부르지 말라.

제사는, 안식일을 기억하여 거룩하게 지키라.

제오는, 네 부모를 공경하라.

제육은, 살인하지 말라.

제칠은, 간음하지 말라.

제팔은, 도둑질하지 말라.

제구는, 네 이웃에 대하여 거짓 증거하지 말라.

제십은, 네 이웃의 집을 탐내지 말라.

십.
계.
명.

/

하나 됨을 위해 조율하는 시간

너는 나 외에는
다른 신들을 네게 두지 말라

/

폐허가 된 담벼락 한 모퉁이, 알몸에 겨우 운동화만 걸친 한 남자가 무너지듯 쓰러진다. 그의 등 뒤에는 증오심에 가득 찬 네댓 명의 사람들이 총을 겨눈다. 드문드문 보이는 풀들은 푸르기만 하다.

영화의 한 장면이 아니다. 1996년 5월 10일 〈중앙일보〉 1면에 실린 컬러 사진을 설명한 것이다. 내전에 시달리는 라이베리아 사람들이 다른 군벌에 속한 부대원을 즉결 처형하는 장면이다. 마음 한구석이 무너져 내리는 소리가 들린다. 스틸 화면 상의 그 사람은 아직 쓰러지지 않았다. '차라리 시간이 정지해버렸으면…' 부질없는 생각이 종일 나를 괴롭힌다. 갑자기 일상성 속에서 길 잃은 미아가 되고 만다. 모든 것이 낯설기만 하다. 인간은 위대하다. 그러나 위험하다.

역사는 과연 무의미한 장난인가? 아니면 어딘가를 향해 가는 것일까? 에덴의 동쪽, 놉 땅에 사는 인간은 유리하고 방황하게 마련이다. 세상은 때로는 적대적이고 때로는 우호 적이다. 모든 것이 논리정연하고 확고해 보이던 세상도 다음 순간에는 혼돈의 덩어리임이 드러난다. 한순간 우리 마음을 환히 밝히던 희망의 불빛이 잦아들고 나면 우리는 더 깊은 어둠 속에서 당황하지 않을 수 없다.

나는 지금 어디에 있는 것일까? 그리고 어디로 향하는 것일까? 엘리아데Mircea Eliade의 말을 믿고 싶다. "망명자는 누구나 이타카로 되돌아가고 있는 율리시스. 모든 생활은 오디세이, 이타카로 가는 길, 중심으로 가는 길의 모사다." 그러나 정직하게 고백하자. 현실의 가장자리에 사는 우리는 그 중심에 이르는 길을 모른다. 그렇다고 주저앉아 있을 수만은 없다. 사람은 안주의 집을 박차고 나와 의義와 불의不義, 미美와 추醜, 호好와 오惡의 대립적인 공간에서 부정의 운동을 수행할 때라야 비로소 인간이다.

그러나 세상에는 수많은 길이 있다. 길이 많다는 것은 길이 없다는 말과도 같다. 아니, 차라리 없다면 절벽을 길이라 믿고 박차고 나가기라도 하지, 미로처럼 복잡한 길들 앞에서 우리는 혼란스럽다. 그러나 삶은 선택이다. 어느 하나를 선택하지 않을 수 없다. 이 길을 걸으면서 저 길을 동시에 걸을 수는 없다. 어느 길도 미래가 보장된 길은 아니다. 길들은 안개에 뒤덮여 있다. 묵자는 갈림길을 보고 울었다 한다. 노신은 갈림길을 만나면 먼저 입구에 주저앉아 잠시 쉬거나 한잠 잔 뒤에, 갈 수 있을 듯한 길을 골라 다시 걷겠다고 했다. 예수는 갈림길을 만나거든 단호히 좁은 길을 선택하라고 했다. 어느 편을 선택하든 그것은 '나의 길'이 된다. 어느 누구도 대신해줄 수 없는 고유한 길이다. 진정한 삶은 획득하는 것이지 주어지는 것이 아니다. 어느 길을 택할 것인가? 우리 앞에 있는 수수께끼 같은 이정표 하나를 읽자.

"너는 나 외에는 다른 신들을 네게 두지 말라"(출 20:3).

이 말씀은 답답한 우리 일상의 지평을 확대·심화시킨다. 미로 속에 갇혀 있던 우리의 눈길이 먼 곳을 향하게 한다. 그런데 이 말씀은 우리에게 강력한 도전이 된다. 세상은 수많은 신들의 각축장이다. 범신론을 말하려는 것도, 단일신론을 말하려는 것도 아니다. 포스트모던 세계의 현상을 말하는 것이다. 포스트모던 세계에서는 모든 것이 신이 된다. 물질적인 재화도, 섹스도, 인기도 사람들의 혼을 송두리째 사로잡는 신들이다. 그 신들이라는 단어 앞에 '거짓'이라는 한

정사를 붙이고 싶다. 하지만 현실에선 바로 그 신들이 사람들을 확고하게 사로잡았다. 신앙인들도 예외는 아니다. 그 신들은 우리가 자필 서명한 문서로 우리가 자신들에게 속해 있음을 주장한다. "인간은 그의 삶을 위한 기구와 기술, 생활필수품을 생산하는 방법과 소유를 위한 분배방법을 바꿀 때 그의 '신'까지도 바꾸어버린다"는 하비 콕스Harvey Cox의 말은 우리의 진실을 섬뜩하게 꿰뚫는다. 하나님의 이름으로 다른 신들을 섬기는 교회는 또 얼마나 많은가? 부인하고 싶은가? 그렇다면 이제 거울 앞에 서보라. 누가 보이는가? 인간은 그가 예배하는 신을 불가피하게 닮게 마련이다. 대체 당신은, 그리고 당신 교회는 누구를 닮았나?

크다고 자랑하지 마라, 큰소리치지 마라

"너는 나 외에는 다른 신들을 네게 두지 말라."

이 명령은 우리를 괴롭힌다. 수생受生은 수난受難이라지 않던가? 산다는 것은 상처를 입는 것이고, 그래서 세상은 "나를 위로해달라"는 외침으로 가득 차 있는데, 우리의 상처를 잠시나마 잊게 해주는 그 신들을 떠나라니, 이 얼마나 가혹한 요청인가? 물론 우리도 안다. 인간의 위대함은 자기의 욕망을 채우는 것이 아니라 자기의 욕망을 거역하여 보다 거룩한 것을 위해 자기를 희생할 수 있는 능력에 있음을…. 하지만 생을 그렇게 비장하게, 무겁게 살아야 하는 것일까? 위안거리 없이 살 수 있는 사람은 얼마나 드문가? 누가 돌을 던질 수 있으랴? 그렇다. 이 명령은 분명히 누구에게나 주어진 것이 아니다. 특별한 사람들에게 주어진 명령이다. 이 명령은 "나는 너를 애굽 땅, 종 되었던 집에서 인도하여낸 너의 하나님 여호와니라"(출 20:2)라는 말에 잇대어 있다.

이 명령의 수신자는 명백하다. 해방을 대가 없이 경험한 사람이다. 영혼과 인격을 저당 잡혀 얻은 음식으로 살이 피둥피둥 찐 사람들은, 또 그렇게 살고자 하는 사람들은 안심해도 된다. 자기의 비참을 알지 못하고 자족하는 사람도 마찬가지다.

하지만 아무렇게나 살기에 생은 너무 고귀하다고 생각하는 사람, 하늘과 땅 사이에 떡 버티고 서서 하나만을 받들려다 번번이 낙심한 사람에게 이 명령은 각별하다. 국외자, 실패자, 낙오자, 약자들만이 이 말씀 앞에 진지해진다. 그들은 이 세상의 흐름에 발을 맞출 줄 모르는 사람이다. 하늘이 누구에게 큰일을 맡기려 할 때는 그 사람의 몸과 마음을 괴롭게 하고, 하는 일마다 방해를 해서 그를 키운다지 않던가? 그들은 어쩌면 하늘이 일을 맡기려고 구별해놓은 사람인지도 모른다. 자기가 못난 줄 아는 사람만이 "너는 나 외에는 다른 신들을 네게 두지 말라"는 음성을 인간의 오만을 질타하는 하늘의 쇠북소리로 듣는다. 힘을 숭배하지 말라. 지식을 숭배하지 말라. 돈을 숭배하지 말라. 크다고 자랑하지 말라. 할 수 있다고 큰소리치지 말라. 스스로를 지키려고 안주의 집을 짓지 말라. 영원히 나오지 않는 집은 무덤뿐이다.

한쪽에서는 비참한 울부짖음이 그치지 않고, 다른 한쪽에서는 향락과 사치의 향연이 벌어지는 이 세상 한구석에는 중심을 향해 한 걸음씩 걸어가는 사람들이 있다. 터무니없는 희망의 옷도, 우울하기 그지없는 절망의 옷도 벗어버리고 위에서 부르시는 소리에 의지해 걸어가는 이들이다. 그들이 중심에 가 닿을 수 있을까? 어리석은 질문이다. 그들은 이미 중심에 가 있다. 중심에 잇대어 있지 않고선 그 길을 걸을 수 없기 때문이다. 길을 선택하는 것은 우리지만 우리를 이끌어가는 것은 그 길이다. 길 위에 있는 자들은 이미 길의 일부분이다.

"내 갈 길 멀고 밤은 깊은데." 한 걸음만 앞으로 내딛자. 중심이신 그분을 향해….

너를 위하여 새긴 우상을
만들지 말라

/

우상숭배, 우리는 이 말의 폭력적인 이력을 잘 안다. 이 말은 매우 호전적이다. 그래서 듣는 자에게 두려움을 자아낸다. 집달관의 빨간 딱지처럼 우상숭배라는 말은 수많은 사람들의 의식 속에 선연한 핏자국으로 기억된다. 전래 초기부터 기독교는 뒤꼍 장독대 위에 정화수井華水 한 그릇 떠놓고 사랑하는 이를 위해 두 손을 모은 어머니 혹은 아내의 마음에도, 조상님에게 음식 한 상 잘 대접하고픈 못난 후손들의 모습에도 '우상숭배'의 팻말을 붙였다. 깊은 산에 은거한 석불의 이마에 십자가를 긋는 행위가 우상을 타파하려는 십자군적인 열정으로 미화되는 세태다.

"너를 위하여 새긴 우상을 만들지 말고"(출 20:4).

사람들은 본질적으로 우상을 만드는 자다. 왜? 두려움 때문이다. 모든 것이 흘러간다는 사실을 가감 없이 인정해야 하는 두려움 말이다. 시공의 제한 속에 살면서 피땀으로 일구어왔던 삶의 흔적들이 세월과 함께 가뭇없이 스러져버린다고 생각하면 기가 막힌다. 그래서 사람들은 자신의 흔적을 남기려 한다. 구석기 시대의 동굴벽화에서부터 인터넷에 이르기까지. 흔적을 남기려는 인간의 욕망은 가련할 지경이다. 흩어짐을 면하기 위해 하늘에 닿는 탑을 쌓아올리는 것이 인간이다. 이것은 지나간 일이 아니다. 인간의 핏줄 속에는 바벨탑의 꿈이 내장되어 있다. 하지만 자연은 그저 왔다가 그저 간다. 작위가 없다. 스스로 그러할 뿐이다. 꿈꾸는 사람인 시인은 스스로를 지우며 살자고 한다. 그것이 아름다운, 싱싱한 삶의 비결이라며….

　모두 잊고 오늘은 바다로 가자. 바다로 가면 된다. 알 수가 있다. 바다도 몇천 년을 그렇게 지워지고 있을 것이다. 앞물결을 뒷물결이 싸악 지워내고 또다시 뒷물결을 싸악 지워내고 있을 것이다. 그래서 바다는 언제나 싱싱하게 싱싱하게 다시 채워지고 있을 것이다.

_정진규, 〈밥詩 4〉

그러나 자기 비움, 혹은 지움이란 얼마나 어려운가? 많은 사람이 어슴푸레한 배경背景이기보다는 조명을 받는 전경前景이기를 원한다. 체계 세우기를 좋아한다. 왜 이 안달인가? 사멸에 대한 공포 때문이다. 모호하기만 한 인생길에서 뭔가 확실한 것을 붙들고 싶기 때문이다. 시내 산을 올려다보며 모세가 내려오기를 목이 빠지게 기다리던 이스라엘 사람들은 "우리를 인도할 신을 만들자"고 아론에게 청했다(출 32장). 기약 없는 기다림을 견딜 수 없었기 때문이다. 부룩송아지처럼 산지사방 날뛰는 마음을 다잡아 기다림에 집중하기란 힘겨운 일이다. 그래서 우리는 대용물, 위안거리를 찾는다. 청소년들이 스포츠 스타나 연예인들에 열광하는 것은 그들이 위대해서가 아니라 누구에겐가, 혹은 무엇인가에 열광하지 않고는 그 불온한 청춘의 바다를 건널 수 없기 때문이다. 그들은 자기 자신의 젊음에 열광할 뿐이다. 그들을 비웃지 마라. 열광은 젊음의 축제다. 그들의 존재는 사는 것이 무덤덤해져서 아무 일에도 놀라지 않고, 감격하지도 않고, 화를 낼 줄도 모르는 닳고 닳은 사람들을 향한 야유다.

하지만 문제가 있다. 사람들은 때로 그 심리적인 대용물, 혹은 자기가 만든 이미지 위에 신성을 부여한다. 그리고 즐겨 그 신민을 자처한다. 불안의 대용물 혹은 자기 이미지가 우상으로 물리변화하는 순간이다. 우상이란 우리 마음속에 도사린 불안이 물화物化된 것이다. 권력의 우상, 이데올로기의 우상, 명예의 우상, 물신物神의 우상, 아름다움의 우상…. 이런 우상들은 우리를 땅에 엎드리게 한다. 하늘을 향한 우리의 시선을 가로막는다. 일상의 지평 너머에 있는 절대적 자유의 세계를 못 보게 한다. 그 세계는 너무 아득하다고 우리를 설득한다. 그리고 아름다운 노래로 우리를 유혹한다. 뱃사람들을 유혹해 파선시켰던 사이렌처럼…. 우리 모두가 뱃전에 몸을 묶고 사이렌의 노래를 들으며 저항했던 율리시스일 수는 없다. 우리는 기꺼이 현세적인 행복을 약속하는 우상 앞에 몸을 맡긴다. 애국심의 이름으로, 신앙의 이름으로, 인간의 이름으로, 그것이 파멸의 문인 줄도 모르고….

우상을 깨뜨리는 뜨인 돌

우상 앞에 몸을 맡긴 자는 이미 미래의 사람이 아니다. 그는 길을 떠날 수 없다. 옛것을 부정하고 새것을 향해 길 떠나기에 그의 몸은 너무 무겁다. 소금기둥이 되어버린 롯의 아내처럼 뒤를 돌아본다. 아브라함이 믿음의 조상으로 존중받는 것은 그가 가벼웠기 때문이다. 고향 갈대아 우르를 떠나라는 명령을 받았을 때, 그리고 이삭을 바치라는 명령을 받왔을 때 그는 즉시 순종했다. 고뇌가 없었다는 것은 아니다. 고뇌가 없었다면 이삭을 바치러 사흘 길을 가던 아브라함의 그 무거운 침묵을 설명할 길이 없다. 고뇌를 통해 충분히 무거워졌기에 그는 다시 가벼워질 수 있었다.

미지의 세계를 향해 떠나는 것이 인생이다. 하지만 우상은 우리의 발목을 붙잡는다. '우리를 두고 떠나려는가?' 하면서…. 옛 세계의 중력권 안에 머무는 것이 안전하다고 속삭인다. 울타리를 넘어가는 일은 위험하다고 속삭인다. 안전을 미끼로 우리 영혼에 차꼬를 채운다. 우리를 자기에게 붙들어 매둔다. 그 울타리를 벗어나서는 아무 일도 할 수 없는 무능력자로 만든다. 그러나 참 하나님은 우리를 자유케 한다. 참 아버지는 아들에게 의존적인 경향을 없애주듯이 참 하나님은 사람들을 자유의 광야로 내몬다. 그것이 하나님의 참 사랑이다.

하나님은 우상의 노래에 끌리는 우리의 귓전에 시끄러운 나팔소리를 울려댄다. 속지 말라고. 달콤한 꿈에서 깨어나라고. 애굽의 끓는 가마솥이라는 환상을 떨쳐버리라고. 강대국이 보호해주리라는 어처구니없는 환상에서 깨어나라고. 하나님께서 '뽑아낸 백성'이니 별일 없으리라는 자기기만에서 벗어나라고. '우리 편이 이렇게 많은데, 우리 교회가 이렇게 큰데, 누가 어쩌겠는가?' 하는 오만한 생각에서 벗어나라고. 예언자들은 그분의 나팔수였다. 그러나 뭐니 뭐니 해도 나직하지만 가장 울림이 큰 나팔을 울려댄 것은 예수였다. 아아, 예수. 우상파괴자! 안식일이, 성전이 우상이 되고 있었던 시대에 예수는 온몸으로 그 우상을 파괴했다. 금기의 줄을 넘어서기 위해 스스로 제물이 되어, 스스로 사제가 되어 자신을 바쳤다. 그런데 하나님은 그를 뜨인 돌로 삼으셨다. 우상을 파쇄하는 뜨인 돌. 그 돌은 지금 어디에 머물고 있는가? 조심하라, 조심하라. 자기 충족적인 신학체계여, 변화하는 시대의 징조에 눈을 감고 포만의 배를 쓰다듬고 있는 교회여 조심하라.

너는 네 하나님
여호와의 이름을 망령되게 부르지 말라

/

언어는 하나님이 인간에게 주신 생일 선물이다. 인간을 만드신 하나님은 흙을 빚어 들짐승과 공중의 새를 만드시고 그것을 아담에게로 끌어오셨다. 그리고 그가 어떻게 이름 짓나 관심 있게 지켜보신다. 하나님은 당신이 만드신 피조물이 이름 짓기 선수인 것을 아셨을 것이다. 사실 그런 능력을 그의 유전자 속에 새겨주신 분은 당신이니까. 과연 아담은 자기 앞에 있는 짐승들에게 이름을 붙이기 시작했다. 말을 배우는 어린아이처럼 '꼬꼬', '야옹', '멍멍'…. 하나님은 인간이 대견하셨을 것이다. 이것저것의 차이를 알아차리고 그 특성에 맞게 반응할 줄 아는 아기를 보며 기뻐하는 엄마처럼. 더욱이 인간은 '이름 짓기'를 통해 어느새 하나님의 창조에 동참하고 있었던 것이다. 창조는 '나눔'과 '명명命 名'이 아닌가? 빛과 어둠, 위와 아래, 물과 뭍을 나누고, 나눈 것에 이름을 붙인 것이 하나님의 창조 과정이었다. "분리 작 업은 혼돈 상태에서의 해방이자 창조의 핵심"이라고 클라우 스 베스터만C. Westermann은 말했다. 그런데 이제 인간은 하 나님의 일을 돕고 있다.

하나님의 이름을 진실하게 부를 사람

이름을 붙이기 위해서는 대상을 바로 알아야 한다. 그리고 그 대상에 꼭 맞는 고유명사를 부여해주어야 한다. 이를 가 리켜 원초적 언어primitive language라 한다. 원초적 언어 속에 는 인간의 경험이 담겨 있다. 그러나 오늘 우리가 사용하는 언어는 경험과 유리되어 있다. 추상화되었다는 말이다. 관 습에 젖어 낡아버린 언어. 슬프게도 '하나님'이라는 단어도 그런 운명을 걸고 있지 않은가? 호렙 산 가시떨기나무 속에 나타나신 '그분' 께 모세는 "누구십니까?"라고 물었다. "당신 은 스스로를 어떻게 일컬으십니까?" 당돌한 질문이다. 그러 나 그분은 친절하게 대답하셨다. "나는 나(스스로 있는 자)다."

나는 이 말을 이렇게 듣는다. '어떤 언어로도 나를 규정할 수는 없다. 너희는 다만 나를 경험할 수 있을 뿐. 나는 숨기면서 드러내고, 드러내면서 숨기는 자다. 그러니 나를 송두리째 알 생각은 마라. 순간순간의 경험으로 너희는 나를 부분적으로 알 수 있을 것이다.'

이름 짓기 좋아하는 인간은 온전히 이해할 수는 없지만 부정할 수 없는 초월체험에 '하나님'이란 명칭을 부여했다. 그것은 삶의 근저를 뒤흔드는 '뿌리체험'의 외화外化였다. 하나님, 모든 것을 싸안는, 밑도 끝도 없이 모든 것을 싸안는 이름이다. 하나님이라는 말 속에는 수만 년 동안 인류의 꿈과 좌절, 아픔과 기쁨이 응축되어 있다. 얼마나 많은 사람들이 기쁨에 차 그 이름을 불렀으며, 절망 속에서 그 이름을 불렀던가? 그 이름은 울림만으로도 온 세계를 가득 채우고도 남는다. 인간의 영혼이란 하늘을 향해 올라가는 '오!' 하는 신음과 같은 것이라지 않던가. 하나님의 이름을 부른다는 것은 얼마나 가슴 뛰는 일인가.

그러나 지금 그 이름이 뜻 없이 불리고 있다. 아무런 울림도, 그리움도, 경외함도 없이 말이다.

"너는 네 하나님 여호와의 이름을 망령되게 부르지 말라"(출 20:7). 하나님은 자기 부정의 이름이다. 하늘을 버리고 땅이 되는…. 하나님의 이름을 진실되이 부를 수 있는 사람은 하나님의 꿈을 함께 꾸고 그 꿈을 이루기 위해 해산의 수고를 아끼지 않는 사람이다. 그런데 어떠한가? 많은 사람들이 (결코 절대적일 수 없는) 자기의 입장을 내세우기 위해, 남을 비난하기 위해 (너무나 자주 거룩의 탈을 쓰는) 자기의 욕망을 합리화하기 위해 하나님의 이름을 부른다. 여호와의 이름을 망령되게 부르는 것이다.

자기의 욕망 위에 하나님의 이름으로 포장하지 마라. 신의 목도꾼을 자처하면서 자신의 욕망과 위선을 져 나르는 위선적인 사람들이여, 정직하자. 욕망의 핏발 선 눈으로 시로를 노려보며 진흙탕 속을 뒹굴면서 감히 "오, 하나님" 하고 부르지 말자. 차라리 인간적으로(?) 싸우자. 숨기면서 드러내고, 드러내면서 숨기시는 그분을 누가 감히 다 안다 하는가? 사람에게 다 알려진다면 하나님은 이미 하나님이 아니다.

정직한 시인은 고통에 찬 세상에서 무력하기만 한 자기 자신에게 절망한다. 그러나 시인은 눈을 뜬 자다. 시인은 임금이 벌거숭이임을 지적한 아이의 눈으로 세상을 본다. 그가 본 것은 무엇인가?

아니, 그런데 그대는 도대체 누구인가…. 맹렬한 불의 혀를 내둘러 수백, 수천의 상심한 영혼들을 아편꽃보다 달콤한 황홀경 속에 몰아 넣고, 포만 속의 불만의 재를 쓰고 부재不在의 나락에

떨어져 탄식하는 이들의 주린 배를, 아아 그리도 단숨에 채워줄
수 있다니.

_고진하, 〈얼룩무늬 상처가 꽃피는 길을〉

　유대인의 속담 중에 "인간은 생각하고 하나님은 웃으신
다"는 말이 있다. 하나님이 웃으신다. 하나님의 이름을 마술
로 바꾸고, 하나님의 이름을 제도의 관리하에 두려할 때 하
나님은 웃으신다.
　"너는 네 하나님 여호와의 이름을 망령되게 부르지 말라."
　하나님의 이름은 인간의 뿌리체험을 추상화한 것이다. 그
렇다면 하나님의 이름은 뿌리체험을 향해 열린 문일 뿐, 그
자체가 목적은 아니다. 신앙생활이란 추상화된 이름(명칭)을
동사화하는 과정이다. 슈클로프스키Shklovsky의 '낯설게 하
기'라는 문학용어는 이것을 가리킨다. '낯설게 하기'란 낯익
었던 것을, 그래서 낡아버린 것을 낯설게 함으로써 그 본질
을 새롭게 드러나게 하는 문학 기법이다. 우리가 누군가를
사랑할 때 '사랑'이라는 기표記票는 얼마나 부적절하던가?
우리의 마음을 다 담아내기에 그 단어는 턱없이 부족하다.
'사랑'이라는 추상명사는 사람들의 다양한 행동으로 그 풍
요로운 의미를 얻는다記意. 사람들은 주체할 길 없는 자신의

마음을 표현하려고 "당신 없는 세상은 오아시스 없는 사막"이라고 말하는 것이다. 이름(명칭)은 그런 것이다.

　모든 이름은 부르는 자의 체험과 마음을 통해 새롭게 해석된다. 히브리의 시인들은 저마다 하나님 체험을 표현하기 위해 여러 가지 은유를 사용했다. '반석', '피난처', '목자', '빛', '구원'…. 삶의 터전이 흔들리는 것을 체험해보지 않은 사람은 하나님을 '반석'이라 부를 수 없다. 정처 없는 삶의 신산스러움을 맛보지 않은 사람은 하나님을 '피난처', 혹은 '목자'라 부를 수 없다. 어둠 속을 헤매본 사람이 아니면 하나님을 '빛'이라 부를 수 없다. 사람은 체험한 것만큼 '이름(명사)'의 다양한 의미를 살려낸다.

　하나님의 이름을 부르는 자는 날마다 하나님의 이름을 '낯설게' 해야 한다. 새로운 체험으로 하나님이라는 기표에 의미를 더해가라. 그러나 하나님의 이름을 부르는 것보다는 그분의 이름을 느끼는 것이 소중하다. 하나님의 이름을 느끼는 것보다는 하나님의 이름을 찬미함이 아름답다. 새 노래로 여호와의 이름을 찬미하라. 주여, 단 한 번만, 단 한 번만이라도 당신의 이름을 진실되이 부르게 하소서.

안식일을 기억하여
거룩하게 지키라

/

길을 걷다가 한 광고판 앞에 발을 멈춘다. 침대 광고다. 잠옷을 입은 한 남자가 침대 위에서 기지개를 편다. 그리고 그 옆에 이런 광고 문안이 있다. "아, 잘 잤다."

평범하기 그지없는 문구가 확고하게 나를 사로잡았다. 잠에서 깼을 때 만족한 미소를 띠고 기분 좋게 새날을 맞은 게 언제였던가? 일을 하든 휴식을 취하든 밥을 먹든 그 순간을 오롯이 누리지 못하는 생활이 아닌가. 항상 분주하지만 가장 중요한 것은 빠진 것 같은 공허한 삶, 눅진하고 푸석푸석한 삶에서 탈출하고 싶다.

이런 생각을 하다가 가구 나르는 사람들의 호령을 듣고야 그 자리를 떠난다. 몸과 마음을 추슬러 다시 가던 길을 간다.

가던 길? 나는 지금 어디로 가는 것일까? 자코메티Alberto
Giacometti의 〈광장〉에 나오는 사람들처럼 광장을 가로지르는
발걸음이 하나도 서로를 향하지 않은, 만남에의 희구도 없
이 길을 걷고 있다.

사람마다 바쁘다 한다. 우리 시대는 이미 바쁘다는 것이
신분의 상징이 되어버린 시대다. 생산지향의 사회에서 바쁘
다는 것은 할 일이 있다는 것이고, 할 일이 있다는 것은 유능
한 사람이라는 증거다. 그래서 사람들은 못 살겠다 하면서
도 바쁘기를 원한다. 바쁨을 피하면서도 간절히 찾는다. 아
이러니다. 누구도 쉽게 세상이 정해준 삶의 속도를 위반할
수 없다. 앞만 보고 달려야 한다. 옆을 기웃거릴 수 없다. 멈
춰 서서 이런저런 일에 간섭하다가는 정체를 면치 못한다.
그래서 이 시대에는 인간적인 만남이 드물다. 모처럼 함께
있어도 혼자인 경우가 많다. 낙타를 타고 서울 거리를 걷는
다고 쓴 시인의 마음을 알 것 같다. 효율과 속도에 매인 도시
는 사막이다. 온갖 욕망을 정화하려고 내면에 마련한 사막
이 아니다. 서걱거리는 만남이 빚어낸 모래 둔덕에서 우리
는 참 쉼을 갈망한다.

성서는 우리에게 말한다. **"안식일을 기억하여 거룩하게
지키라"**(출 20:8). 잘 쉬어라. 잘 쉴 줄 아는 사람이 참사람이

다. 쉴 줄 모르면 사람은 미친다. 늙은이老子가 말했다. "사
냥질로 뛰어 다니는 것이 사람 마음을 미치게 한다馳騁田獵令
人心發狂."

사람들은 왜 달리는가? 포레스트 검프처럼 그냥 달리는
사람도 있다. 그러나 대개는 이기려고 달린다. 내가 너보다
나음을 증명하려고 달린다. 잡으려고 달린다. 남들이 달리
니까 덩달아 달린다. 숨이 가쁘다. 사냥터로 바뀐 삶의 마당
은 짓밟혀 황폐해진 지 오래다. 가장 소중한 것이 무엇인지
에 대한 감각조차 잃었다. 우리는 길도 잃고, 제 마음도 잃었
다. 바쁘면忙 가장 중요한 것을 잊는다忘. 어디를 향해 달리
는지, 왜 달리는지도 모르는 사람들을 향해 하나님이 탄식
하신다. "신들을 찾아 나선 여행길이 고되어서 지쳤으면서
도, 너는 '헛수고'라고 말하지 않는구나. 오히려 너는 우상들
이 너에게 새 힘을 주어서 지치지 않았다고 생각하는구나"
(사 57:10, 새번역). 하나님은 쉬고 싶다고 말하는 사람을 사랑
하신다. 그러나 사람들은 사냥질에 미쳐서 쉬고 싶다고 말
하지 않는다. 그래서 부탁하신다. "사람들아, 이제 잠시 멈
춰 서라. 헐떡이던 숨 좀 돌리려무나安息."

이제야 고백한다. "내게 안식함이 없나이다." 누구의 말인
가? 내 말이다. 아니라고? 틀림없이 내 말이다. 시간과 공간

과 인간의 삼간三間에 살면서 판단하고, 미워하고, 골라내고, 매달리느라 지칠 대로 지친 내 속에서 울음처럼 터져 나온 말이다. 미움과 다툼과 차별과 집착의 애굽을 벗어나지 않으면 쉴 수 없다. 마음을 마구 헤집어놓는 이런 격랑이 잠잠해지지 않으면 제아무리 교회에 나와 엎드려도, 찬송을 불러도, 하루 종일 방바닥에 엎드려 하릴없이 놀아도 쉼은 없다. 그것은 내 속에는 없다. 그렇다면? 그것은 모든 허망의 정열을 여읜 사람에게 주는 하늘의 선물이다. 그렇기에 진정으로 쉼을 갈망하는 사람들이 해야 할 일은 다만 문을 여는 것이다. 그분이 우리 속에 들어오셔서 우리의 중심을 정확하게 허락하는 것이다.

안식을 선물로 받은 자

하나님의 안식을 선물로 받은 사람은 이제 애굽의 주민이 아니다. 그는 해방된 사람이다. 그는 쉴 줄 아는 자다. 그러나 쉴 줄 아는 사람은 또한 열심히 일하는 자다. "엿새 동안은 힘써 네 모든 일을 행할 것이나"(출 20:9). 신명나게 일하는 사람의 모습은 거룩해 보인다. 그에게는 생명의 기운이 넘친다. 힘껏 일하지 않는 이에게는 쉼도 없다. 에덴동산에서 일하라고 부름 받은 존재는 사람밖에 없다. 생명을 돌보고 가꾸는 일. 그 일은 하나님의 일인 동시에 나의 일이기도 하다. 하나님의 일과 나의 일이 틈 없이 일치할 때, 그 일 속에서 안식의 빛이 흘러나온다.

그러나 주위를 둘러보라. 자신도 쉬지 않고 남도 쉬지 못하게 하는 사람들이 너무 많다. 노예들이다. 그들 중 어떤 이들은 주일이면 교회에 나가 하나님의 이름을 부르고, 복을 빈다. 그러면서도 남을 복되게 하지 않는다. 진리를 피하면서 찾는 사람들이다. 자기 곁에 가쁜 숨을 몰아쉬며 쉼을 갈망하는 사람이 있는데 어찌 내 숨이 평안할 수 있겠는가?

바로의 세상에 안식은 없다. 너무나 많은 사람들이 쉼을 갈망한다. 부지런함이 미덕이라고 너무 많은 사람들을 밀어붙이지 말라. 게으름도 문제지만 더 큰 문제는 소외된 부지런함이다. 쉬고 싶어도 쉬지 못하는 사람들, 그들의 헐떡임 때문에 하나님도 숨차시다. 이제 겸손히 계명에 귀를 기울이라.

"안식일을 기억하여 거룩하게 지키라."

저물지 않는 평화

유대인들은 안식일을 시간 안에 있는 성스러움으로 체험했다. 사람들은 엿새 동안 힘써 일함으로 역사에 참여하고 이렛날을 성별함으로 역사를 넘어선다. 물론 이렛날은 엿새의 끝에 부록처럼 붙어 있는 또 다른 날이 아니다. 이렛날은 노동의 엿새를 얼싸안는 하나님의 시간이다. 우리의 누추한 일상을 하늘 뜻으로 꿰는 날, 일이관지一以貫之의 날이다. 그러나 특정한 어떤 날을 절대화하지는 말자. 내 마음에 사막을 마련하는 날, 그래서 뜨거운 하늘 기운으로 눅진눅진한 우리의 삶을 정화하는 날, 그날이 안식일이다.

안식일은 우리의 일상을 영원에 비끄러매는 닐, 하늘의 서기瑞氣에 몸을 맡기는 날이다. 안식일은 창조의 첫 아침에 메마른 땅을 적신 안개(창 2:6), 마라를 지나 당도한 물샘 열둘과 종려 일흔 그루가 서 있는 엘림(출 15:27). 하늘을 향한 발돋움, 저물지 않는 평화다.

다섯

네 부모를 공경하라

/

오랜 병고에 시달리는 교우를 찾아가는 발걸음은 늘 무겁
다. 특히 회복될 수 없는 불치의 병을 앓는 이, 노환으로 시
난고난 앓는 이를 만나는 것은 고역이다. 할 수 있는 대로 그
고역의 시간을 미루어보지만 그렇다고 언제까지나 피할 수
만은 없다.

만날 때마다 "목사님, 하나님하고 친하시지요? 하나님께
부탁해서 저 좀 빨리 데려가라고 해주세요. 왜 나같이 아무
쓸모없는 것을 그대로 두시는지 모르겠어요. 무엇보다도 자
식들 보기 민망해 못 견디겠어요" 하시는 권사님이 계셨다.
곁에 서 있는 며느리는 어린아이 같은 어머니의 칭얼거림에
이미 익숙한 듯 표정이 없다. 수년째 대소변을 받아내고, 까

탈을 부리는 어머니를 돌봐온 그이의 얼굴에서 미소가 사라진 지 이미 오래다. 희로애락의 감정을 드러내지 않는 그의 얼굴을 대할 때마다 안타깝기 그지없다.

이분들에게 목사는 과연 뭐라 해야 하는가? 며느리에게 "참 고맙습니다"라는 말을 겨우 꺼내는 것 외엔 할 수 있는 일이 없다. 며느리가 잠시 자리를 비운 틈을 타서 권사님에게 말씀드린다. "하나님의 세상에서 쓸모없는 것은 하나도 없어요. 권사님은 지금 남의 도움 없이 살 수 없는 형편이지만, 자식들은 병든 어머니를 돌보아 드리면서 사람 사는 도리를 배우는 거예요. 모든 것을 쓸모 있고 없고로 판단하는 세상에서 그렇지 않은 관계도 있다는 것을 배우는 게 복 아니겠어요. 권사님의 병든 몸조차 아드님 며느님에게는 복이에요. 권사님은 지금도 그분들의 영혼을 낳고 계시는 거구요. 그러니 다시는 하나님께 떼쓰지 마세요. 감사한 마음으로 하루하루를 사세요."

자고 일어나면 달라져 있는 세상

"네 부모를 공경하라"(출 20:12).

당연한 듯싶지만 결코 쉽지 않은 요구다. 이미 세상을 떠난 이들을 추모하는 일은 어렵지 않다. 그분들과 더 이상 감정적으로 얽힐 일이 없기 때문이다. 하지만 살아 계신 부모님에 대해 자식들은 미묘한 이중감정에 시달린다. 부모는 자식들의 입장에서 끝없이 회귀하고 싶은 질곡桎梏이기도 하다. 굳이 오이디푸스 콤플렉스나 엘렉트라 콤플렉스를 들먹이지 않더라도 우리는 이 말을 이해하는 데 어려움을 느끼지 않는다. 힘껏 치면 앞으로 뻗어 나갔다가도 어김없이 돌아오는 줄 달린 테니스공처럼 우리는 날아오르는 우리의 옷자락을 잡아채는 부모의 인력을 벗어날 수 없다. 그 인력은 우리 삶을 현실에 붙들어 매는 닻이 되기도 하지만, 우리를 사로잡는 덫이 되기도 한다. 우리는 이 두 힘의 균형 속에서 살아간다. 부모 쪽에서든 자식 쪽에서든 그 팽팽한 긴장을 견디지 못하는 사람은 인위적으로 그 관계의 끈을 끊는다. 상대에게서 해방되고 싶은 것이다. 자식에게 무관심한 부모, 늙은 부모를 거리에 버리거나 학대하는 자식…. 그들은 약자다.

나이 드신 많은 분들이 소외감을 토로한다. 빠르게 변화하는 세계의 속도에 적응할 수 없는 까닭이다. 앞만 보고 달려야 하는 자동차 세대의 정서를 어떻게 이해할 수 있겠으며, 천기天氣에 대한 감각을 잃어버리고 인기人氣에 부응하려는 젊은 세대의 가치관을 어떻게 내면화시킬 수 있단 말인가.

서양에서는 제2차세계대전 이후에 태어나 성장한 이들을 '잃어버린 세대'라고 일컫은 적이 있었다. 자명해 보였던 가치관이 전쟁으로 다 무너지고 삶의 전망조차 불투명해 이리저리 떠돌던 세대를 일컫는 말이다. 그런데 지금 우리는 '잃어버린 세대'가 새롭게 형성되고 있음을 본다. 자고 일어나니 유명해졌다는 어느 시인의 말처럼, 자고 나면 세상은 달라진다. 눈을 떠 창밖을 내다보니 어제와는 다른 세계가 눈앞에 전개된다면 얼마나 당황스럽겠는가. 자기가 차지하던 자리가 비어 있고, 자신의 부재不在를 스스로 확인할 수밖에 없다면, 그리고 "때가 되면 깨끗이 질 줄 아는 것이 미덕이 아닌가?" 하는 소리를 젊은 세대의 말씨와 몸가짐에서 거듭거듭 들을 수밖에 없다면 말이다.

가장 큰 효도는 무엇인가

새삼스럽게 "네 부모를 공경하라"는 계명을 듣는다. 이것은 약속 있는 첫 계명이다. "네 하나님 여호와가 네게 준 땅에서 네 생명이 길리라"(출 20:12). 복된 약속이다. 그러나 이것을 제대로 이해하려면 이 약속의 음화陰畵에 주목할 필요가 있다. 부모를 공경하지 않으면 어떻게 된다는 말인가? "땅에서 네 생명이 끊어지리라"가 아닌가? 쉽게 말하자. 부모를 공경할 줄 모르는 자식은 죽는다는 말이다. 아멘, 아멘이다. 나는 이 말을 문자 그대로 믿는다.

"자기의 아버지나 어머니를 저주하는 자는 반드시 죽일지니라"(출 21:17). 여기서 '저주하는 자'란 '사사롭게 여기는 자', '가볍게 여기는 자'를 뜻한다. 조금 지나친 듯하지만 부모를 가벼이 보는 자는 약속의 땅에, 아니 인간 세상에 살 자격이 없다는 말이 아닌가. 부모들은, 또 노인들은 쓸모 있기 때문이 아니라 그저 계심만으로도 소중하다. 그분들은 우리가 얼마나 과속하며 사는지를 보여주는 계기판이고, 가정을 난장으로 만들지 못하게 하는 파수꾼이다. 성전의 가장 깊숙한 곳에 지성소가 있듯, 교회의 가장 깊은 곳에 노인들이 자리 잡고, 집안 가장 깊은 곳에 노인들이 좌정하실 수 있게 배려할 줄 아는 공동체라야 웅숭깊은 삶을 살 수 있다. (깊음을 나타내는 한자어 '오奧'는 방의 가장 깊은 곳을 그린 것이다.)

하지만 이제 묻지 않을 수 없다. 가장 큰 효도는 과연 무엇인가? 우리의 전통윤리는 흔히 봉양奉養과 뜻받듦養志을 말한다. 그러나 누가 뭐래도 진정한 효도는 부모를 넘어서는 데 있다. 부모는 자신을 딛고 앞을 향해 나가는 자식을 보고 싶어 한다. 언제나 부모의 그늘 아래 머무르는 자식은 골칫덩이다.

이런 뜻에서 부모공경의 계명을 가장 잘 지킨 이는 예수
다. 통속적으로 말하자면 예수는 불효자다. 탄생부터 죽음
에 이르기까지 부모의 가슴에 못을 박았으니까. "누가 내 어
머니이며 동생들이냐", "누구든지 하나님의 뜻대로 행하는
자가 내 형제요 자매요 어머니이니라"(막 3:33, 35). 이 말을 듣
는 마리아와 형제의 마음은 어떠했을까? 어찌 보면 예수는
가족관계를 부인하는 것 같다. 하지만 그 아픔 때문에 가족
들은 더 큰 숨결에 잇댈 수 있었던 것이 아닐까?

자식의 비상飛翔을 위해 가족이라는 인력의 끈을 끊임없
이 잘라내는 부모, 눈물을 흘리면서 더 큰 세계를 향해 길 떠
나는 자식, 마음에 등불 하나 켜들고 언젠가는 돌아올 자식
을 기다리는 부모, 모천으로 회귀하는 연어떼처럼 가슴에
그리움 하나 간직한 채 물살을 헤쳐 나가는 자식…. 부모공
경은 이 두 그리움의 유기적인 통일이다.

살인하지 말라

/

거리가 내려다보이는 2층 찻집에 앉아 저물녘의 거리를 망연히 바라본다. 사람들의 발걸음이 분주하다. 바람이 부는가? 메마른 나뭇잎이 사람들 바짓부리를 슬쩍 어루만진다. 덧없는 상념 끝에 떠오른 정현종의 시 〈마른 나뭇잎〉이 떠오른다,

마른 나뭇잎을 본다.

살아서 사람이 어떻게
마른 나뭇잎처럼 깨끗할 수 있으랴.

바람의 수의를 입은 낙엽은 그렇게 깨끗하게 지고 있었다. 때가 되어도 질 줄 모르는 인간의 세상에서 세상의 모든 것은 사명의 길을 걷는다. 앞뒤가 있을 뿐 예외는 없다. 져야 할 때 깨끗이 질 줄 아는 것이 아름다움이다.

그러나 아직 싱싱하게 살아야 할 생명이 시들어갈 때 우리는 고통을 느낀다. 힘차게 자라고 아름답게 피어나야 할 생명이 인위적으로 가로막힐 때 세상은 조금씩 어두워진다. 생명의 본모습은 서로를 북돋워주고, 어루만지고, 격려하는 것이다. 식물조차도 자기를 사랑해주는 이의 손길에 다정하게 반응한다지 않던가?

생명은 하나의 고리로 연결되어 있다. 연못에 돌을 던지면 연못 구석구석까지 파문이 번져가듯, 나와 무관한 생명은 없다. 너를 살리는 것이 실은 나를 살리는 길이건만 사람들은 너나없이 곶감 빼먹듯 현실적인 이해득실에 따라서만 살아간다. 하여 이 세상에는 생명을 위축시키고, 병들게 하는 죽음의 기운이 넘친다. 나와 너를 갈라놓은 돈·가문·학벌·이데올로기·종교에 이미 죽음의 싹이 자란다. 죽음이란 결국 분열이 극대화된 것이 아닌가? 몸과 마음, 생각과 행위, 의식과 충동의 분열이 곧 죽음의 시작이다. 세상엔 걸어 다니지만 사실은 죽은 자들이 많다.

사람에게는 죽음에의 본능Thanatos도 있다 한다. 그러나 잘 살 수 있는 가능성이 닫혀 있거나, 가로막혀 있을 때 사람들은 차선의 선택으로 죽음을 생각하는 것이 아닐까? 우리에게 품부稟賦된 생명의 몫을 충분히 누리며 살 수 있다면, 영육이 일치하고, 분열되거나 소외되거나 고립되지 않은 건강한 생명을 누릴 수 있다면 누가 죽음을 갈망하겠는가. 문제는 가로막힌, 본래의 자리에서 옮겨진 생명이다. 세상에는 그 본연의 자리에서 옮긴 생명들의 절통한 신음소리가 가득하다. 자기 본연의 삶의 자리에서 뿌리 뽑힌 채, 부평초처럼 표류하는 분열된 생명의 아우성이 우리의 귓전을 어지럽힌다.

인간의 마을에서 내몰린 사람들의 한과, 그들을 울타리 밖으로 내몰고 불온하게 바라보는 사람들의 두려움이 만나 폭력을 빚는다. 폭력은 빈곤과 기아, 시기와 모함, 증오와 멸시를 하수인으로 거느린 채 세상을 야금야금 갉아먹고 있다. 유월절 저녁에 죽음의 사자가 애굽 온 땅을 덮쳤던 것처럼, 지금 세계 도처에 죽음의 사자가 떠돈다. 보스니아에서, 자이르에서, 쿠르드족의 근거지에서, 이 땅에서 죽음의 사자는 우리의 평온한 삶에 어두운 그림자를 드리운다. 그 그림자 밑에서 사람들은 인종, 종교, 이데올로기, 국가 이익을

'위하여'라고 말하며 죽음의 길을 걷는다. '위하여'라는 말의 맹목성이여! 세상은 취해 있다. 취한 세상은 본연의 자리에서 떠난 세상이다. 이런 세상에서 우리는 새삼스럽게 계명을 듣는다.

"살인하지 말라"(출 20:13).

지배의 욕구를 버리고

이것은 물론 모든 살인을 금하는 계명이 아니라 한 공동체의 안녕을 위협하는 사사로운 피의 보복을 금하는 계명이다. 그렇지 않다면 가나안 정복 과정에서 이스라엘인들이 저지른 엄청난 살상행위를 설명할 길이 없다. 또 하나님에게 돌려진 "이러저러한 자들은 반드시 죽일지라"라는 피비린내 나는 명령도 설명할 길이 없다. 원계명이 지향하는 바는 분명히 신앙공동체의 존속이다. 적대적인 세력들의 바다에 둘러싸인 섬처럼 외롭기 그지없는 신앙공동체가 존속하기 위해서는, 내부의 결속을 깨는 어떤 행위도 있어서는 안된다는 것, 그것이 이 계명의 삶의 자리다.

하지만 오늘의 삶의 자리는 이 계명에 대한 새로운 해석을 요구한다. 나는 그것을 이렇게 듣는다. "생명의 자연스런 흐름을 가로막지 말라." 물론 죽음도 자연이다. 세상에는 아름다운 죽음도 있다. 바람이 입혀준 수의를 입고 낙엽 지듯 때가 되어 돌아가는 죽음은 슬프지만 평화롭다. 하지만 문제는 '죽임'이다. 전쟁, 암살, 처형, 살인, 낙태, 안락사…. 어떤 형태든 죽임은 반자연이고, 반생명이다. 부득이한 경우도 있는 것 아니냐고? 그것까지 부정할 수는 없다. 하지만 문제는 그 부득이함을 힘을 가진 자들이 임의로 조작하는 데 있다는 것이다. 우리는 세계 도처에서 이런 징후를 발견한다. 어떤 경우든 생명의 자연스런 흐름을 거스르는 것은 하나님의 뜻이 아니다. 생명의 하나님이 아니신가? 그러나 이런 직접적인 죽임보다 더 온미穩微하고, 지속적이고, 치명적인 죽임도 있다.

그것은 발전 이데올로기로 무장한 오늘의 물질문명이다. 분재를 만든다고 멀쩡한 나무를 자르고, 비틀고, 자라지 못하게 하는 호사가처럼 우리 시대의 문화는 자연스런 생명의 흐름을 가로막고 비튼다. 반생명적인 사상과 생활방식이 생명의 본바탕을 흐려놓고, 환각의 문화가 사람들의 이성을 교란하는 세상이다. 이런 세상은 이웃끼리 살풋한 정을 주고받고, 서로의 품이 되거나, 생명의 기운을 북돋워주기를 기대하기 어려운 세상이다. 죽임의 살풍경이 일상이 되고, 다른 피조물의 신음소리에 귀 막고, 살려달라고 아우성치며 죽어가는 것들의 안타까운 몸짓에 눈감아버린 세상에서 하나님은 오늘 우리에게 어눌하게 외치신다.

이 가련한 피조물들아! 제발 지배의 욕구를 버리고, 모든 일을 힘으로 풀려는 생각도 버리고, 혼자서만 잘 살겠다는 생각도 버리고, 순리대로, 서로 북돋워주며, 함께 잘 살아라. 너희가 살 땅은 내가 내려와 살 땅이야. 저물녘이면 같이 산책도 하고, 바람의 노래도 듣고, 오순도순 얘기도 할 땅이란 말이야. 그러니 억울한 피를 흘려 무성하게 만들어서는 안 돼(민 35:34 참조).

간음하지 말라

/

바야흐로 지금은 성性의 전성시대다. 신비의 너울을 쓴 채 저 어둡고 음습한 세계에 유폐되어 있던 성적 담론은 이제 금지의 울타리를 일시에 무너뜨리고 우리네 삶을 엄습한다. 일탈의 욕망을 애써 숨겨왔던 사람들은 새로운 진주군을 기 피하며(?) 환영했다. 자본주의 시대에 무소불위無所不爲의 권 력을 가진 텔레비전과 영화, 신문, 광고 음악 들은 이 새로운 진주군에게 은근한 추파를 보냈고, 급기야 야합하기에 이르 렀다. 그들의 사생아가 불륜, 외설, 폭력이다. 놀랍게도 사람 들은 이 사생아들을 따뜻한 시선으로 바라본다. 그 시선 속 에는 대리만족을 얻으려는 미세한 욕망이 숨겨져 있다. 사 람들은 때로 그 시선을 관음적觀淫的 시선이라고 부르기도

한다. '애인 신드롬'이라는 신종 전염병이 마음이 스산한 30-40대들에게 급속히 퍼져가는 모양이다. 욕망, 욕망의 신화가 우리를 사로잡는다. 데리다의 말처럼 욕망의 충족은 영원히 연기延期될 수밖에 없는 것인데….

"모든 강물은 다 바다로 흐르되 바다를 채우지 못하며"(전 1:1). 눈은 보아도 족함이 없고 귀는 들어도 차지 않는다. 욕망의 바다에는 충족이 없다. 그러나 사람은 욕망한다. 하나님을, 사람을, 세상을…. 욕망이 없다면 삶노 없다. 진리에 대한 목마름도, 하나님나라에 대한 소망도, 이웃 사랑의 실천도 욕망이다.

욕망은 하나님의 선물이다. 그러나 문제는 과도함이다. 과도한 욕망은 범람하는 하천과 같아서 우리의 삶을 송두리째 파괴한다. 그것이 선한 욕망, 거룩한 욕망이라 해도 과도하면 자기와 남을 해치게 되어 있다. 과도한 욕망은 다른 사람을 물화物化하게 마련이다. 다른 사람을 내 욕망 충족의 수단으로 삼거나, 욕망 충족의 길에 걸림돌이 되는 사람은 제거하려는 것이 욕망의 문법이다. 성숙한 사람은 자신의 욕망을 때로는 다독거리고 때로는 거슬러서 잘 길들이는 사람이다. "족함을 알면 욕되지 않고, 그침을 알면 위태롭지 않다知足不辱, 知止不殆"지 않던가?

그러나 이 시대는 죽기 살기로 욕망을 부추긴다. 금욕적인 태도는 강아지에게나 주어버리라고 은밀히 속삭인다. 우리의 욕망을 확대 재생산하는 공장은 음란과 천박의 연기를 공중에 자욱이 흩날리며 도처에 서 있다. 많은 사람들이 이미 '육체교肉體敎' 신자가 되어 살아간다. 육체교의 교리는 '탐닉'과 '집착'이다. '탐닉'이란 빠짐이고, 빠짐은 주체의 몰각이다. '집착'이란 다른 것의 망각을 특징으로 한다. 육체교 신자들은 자기가 누구인지, 무엇을 해야 하는지를 잊는다. 물론 저들에게 하나님의 자리는 없다. 하나님을 우리 문밖에 내몰고, 정작 스스로도 문밖을 떠도는 현대인들….

이들을 향해, 아니 우리 자신을 향해 "간음하지 말라"라는 계명을 외친다. 욕망 공장의 돌아가는 소음 때문에 거의 들리지도 않는 외침이다. 욕망의 연무煙霧를 일거에 날려버릴 맑은 숨 한 자락 없을까? 불가능한 꿈이다. 엘리 위젤Elie Wiesel이 이런 이야기를 한 적이 있다.

예언자 한 사람이 소돔에 갔다. 그는 성문 앞에 서서 목이 터져라 외쳤다. 음란함을 버리고 하나님께 돌아오라고. 그러나 아무도 듣지 않았다. 그래도 그는 날마다 외쳤다. 그 모습이 딱해 보였던지 순진한 꼬마가 다가와 아무도 듣지 않는데 왜 헛수고하냐고 물었다. 그러자 예언자가 대답했다. "저들이 나를 변화시키지 못하게 하려고."

내 사랑을 노래하라

"간음하지 말라"(출 20:14).

본래 이 계명은 계약 공동체의 존립을 위태롭게 하는 혼외婚外 성관계를 금지한 것이라 한다. 그런데 결혼의 신성이, 생명의 창조와 직결된 성의 신비가 말초신경적 쾌락으로 치환되는 오늘의 세계에서 이 말은 어떤 뜻으로 읽힐까? 일탈의 꿈을 키워가는 사람들의 무의식을 괴롭히는 초자아의 소환장? 인간의 자유를 구속하는 쇠사슬? 많은 젊은이들이 이 계명을 벗어버려야 할 낡은 옷처럼 생각한다. 그러니 "음욕을 품고 여자를 보는 자마다 마음에 이미 간음하였느니라" (마 5:28) 하신 예수님께 이르러서는 입을 다물 뿐이다.

정신적 순결까지 요구하는 예수님의 말씀은 우리에게 너무 무겁다. 세상에 사는 자 중에서 간음죄에서 자유로운 이가 누구인가? 예수님은 어쩌자고 이런 말씀을 하셔서 우리를 괴롭히시나? 세상의 모든 사람을 죄인으로, 혹은 위선자로 만드시고자 함인가? 이성異性의 아름다움에 마음이 흔들리는 것은 인지상정 아닌가? 그것조차 죄라고 한다면 세상은 감옥이다. 모두가 수인이다. 수로부인에게 꽃을 꺾어 바치며 "자줏빛 바위 가에 잡고 있는 암소 놓게 하시고, 나를 아니 부끄러워하시면 꽃을 꺾어 바치오리다"(《헌화가》)라고 노래했던 한 노인의 마음이 용납될 수 없는 세상은 죽음의 세상이다. 멋과 여백이 사라진 계율의 세계는 지옥이 아닌가? 나는 이런 세상에서 살고 싶지 않다.

그렇다면 예수님이 금하신 간음은 무엇인가? 더러운 욕망, 서로에게 상처를 주고, 당사자들 모두를 비인간화하는, 하나님을 위한 여백이 없는 치정癡情? 혹은 모든 것을 돌로 만드는 메두사의 시선처럼 상대를 욕망충족의 대상으로만 바라보는 모든 시선을 일컫는 말이 아닐까? 물을 빼낸 욕조에 남는 거품처럼 허탈과 자기혐오와 증오를 남기는 만남, 그것이 간음이다. 인간은 타인에 대한 술어述語다. 다른 이와 만나는 방식이 내 삶을 결정한다는 말이다. 다른 이를 욕망 충족의 대상으로만 바라보는 것은 스스로 인간이 아니라 야수가 되는 길을 택하는 것이다. 육체의 활화산 위에 생의 집을 지으면 우리 속에 있는 '신성한 불꽃'은 꺼질 수밖에 없으니까. '간음하지 말라'는 말은 우리를 죄인이나 위선자를 만들기 위해서가 아니라, 우리를 거룩한 존재로 살아가게 하기 위한 하나님의 사랑이다.

미혹의 문을 닫고, 색정의 문을 닫아야 사랑의 실체가 보인다. 하늘이 보인다. 하늘을 보는 사람이라야 참사람이다. 문을 닫는 것閉其門, 이것을 예수님은 우리의 지체가 범죄케 하거든 찍어 버리라는 말로 표현했다(마 5:29-30). 추상같은 명령이다. 그러나 이것은 우리를 죽이는 칼殺人劍이 아니라 '집착'을 도려내 우리를 살리는 하나님의 칼活人刀이다. 지체를 잘라내는 단호함 없이는 우리 속에 있는 속기俗氣를 제거할 수 없고, 한번 크게 죽지 않고는 새로운 존재로 거듭날 수 없기에 예수님은 우리의 욕망에 수술칼을 들이대시는 것이다. 깊도다, 하나님의 사랑이여!

그러나 황음荒淫에 빠진 자들은 "이 사회가 나를 술 마시게 한다"는 말을 패러디하여 말한다. "이 사회가 나로 간음하게 한다."

하여 나는 '간음하지 말라'는 말을 이렇게 바꾸어 읽는다. "사랑하라, 사랑의 아름다움을 맘껏 노래하라. 그러나 다른 이에게 상처를 주고 하나님을 위한 여백을 빼앗아버리는 치정을 사랑으로 착각하지 마라. 메두사의 시선을 거두라. 한로寒露와 같은 단호함으로 자신의 허망한 욕망을 베어라. 그러지 않으면 페르세우스의 칼날이 기다릴 것이다."

여덟

도둑질하지 말라

/

크고 화려한 빌딩 앞에 펼쳐진 초라한 천막, 그리고 그곳에
앉아 있는 초췌한 모습의 사람들, 나부끼는 플래카드⋯. 도
심지 곳곳에서 볼 수 있는 일상화된 풍경들이다. 어떠한 이
유에서든 직장에서, 삶의 터전에서 거리로 내몰린 사람들,
그들은 투명인간이 되기를 거부하며 "여기도 사람이 있다"
라고 외치고 있다.

사람과 사람이, 이해利害와 이해가, 입장立場과 입장이, 서
로 다른 생각들이 부딪치는 굉음이 요란하다. 이런 잦은 부
딪침이 작은 일렁임이 되어 역사의 배를 앞으로 밀어간다
면(변증법적 지양) 얼마나 좋을까?

지금 필요한 단 한 걸음

지금 우리는 어디에 있는가? 광야다. 애굽과 가나안 사이, 우리는 그곳에서 방황한다. 뒤를 돌아보면 정치적 억압과 경제적 착취, 관료주의와 비합리적인 권위주의가 지배하는 애굽이 저만치 있다. 우리는 열심히 걸었다. 그런데 악몽 속의 보행처럼 제자리걸음이 아니었나 하는 의구심이 솟는다. 모든 사람이 천부의 권리를 온전히 누리는 진정한 민주주의의 가나안은 요원하기만 하다. 힘이 빠진다. '우리는 어쩔 수 없어' 자조적인 탄식이 곳곳에서 들려온다. 반출애굽의 망령이 슬며시 우리 옷자락을 붙잡는다. 앞으로 가자니 막막하고, 되돌아가자니 아득하다. 우리를 인도할 구름기둥, 불기둥은 어디 있나? 장래에 대한 일목요연한 청사진이 아니어도 좋다. 단 한 걸음이라도 우리가 내디뎌야 할 곳은 어디인가?

여기서 하늘의 소리를 듣는다. 어려울 때일수록 원칙과 원리에 충실해야 하기 때문이다. **"도둑질하지 말라"**(출 20:15). 이것을 광야에서의 보행을 위한 일리一理로 삼아보자.

"도둑질하지 말라"는 다양한 목적어를 가질 수 있다. 사람, 물건, 학문, 마음, 영혼…. 먼저 '사람'을 목적어로 취해보자. 자기의 욕망을 이루기 위해 사람을 훔치는 일은 성서에서 실로 다양하게 나타난다. 형제간의 미움과 질투심 때문에 은 스무 개를 받고 요셉을 팔아 넘겼던 야곱의 아들들 이야기(창 37:28), 존립의 위기에 처한 베냐민 지파가 살아남기 위해 실로의 춤추는 여자들을 유괴하는 이야기(삿 21:21), 정권탈취를 염두에 두면서 백성들의 마음을 훔치는 압살롬 이야기(삼하 15:6). 역사는 정녕 반복인가? 야곱의 아들들과 베냐민 지파 사람들, 압살롬은 도처에서 인신매매, 유괴, 뇌물 등으로 환생한다.

기독교인이여, 정녕 당신은 이런 일에 관계가 없는가? 쾌락에 중독된 우리의 음란한 시선이, 허영의 거리에서 뒹구는 우리의 규모 없는 생활이, 부당한 이득을 뿌리치지 못하는 우리의 나약함이 이 음습한 괴물들의 어미가 아닌가? 사람은 수단이 아니라 목적이라는 철학의 공리를 들먹이지 않더라도, 모든 인간은 '하나님의 형상'이다. 모두가 존귀하다. 누구도 다른 사람을 위해서 희생당하기를 강요받아서는 안 된다.

"절대로 사람을 도둑질하지 말라."

물건을 목표로 삼은 도둑

"도둑질하지 말라"는 또한 '물건'을 목적어로 취한다. '남의 재산을 탐내지 말라.' 이 말은 우리 모두의 무의식을 억압한다. 다섯 가지 색이 우리의 눈을 멀게 한다지 않던가? 세상에는 우리의 눈과 귀를 잡아 끄는 것들이 아주 많다. 그들의 매혹을 이겨낼 힘이 우리에게 없다. 가난한 사람을 돌아보라는 성서의 명령에 공감하면서도 자신이 가난하다는 생각에서 벗어나지 못하는 우리다. 우리의 욕망은 건조기의 초원에서 조그마한 물웅덩이를 독차지하는 코끼리만큼이나 크다. 제 배를 채우고는 그 웅덩이에서 목욕까지 하는 코끼리 말이다. 복면을 쓰고 남의 담장을 넘는 사람만 도둑인가? 노동자들의 몫을 가로채는 사업가, 작은 교회 교인들을 훔쳐가는 큰 교회도 다 도둑이다.

사람은 왜 훔치기를 좋아할까? 도둑이니까. 아우구스티누스는 어린 시절 동네 악동들과 어울려 배 도둑질을 했던 경험을 들어 사람의 탐심의 뿌리를 파헤친다. "군색해서, 어쩔 수 없어서가 아니라, 정의가 없고, 싫고, 불의에 배불러서였습니다…. 훔친 물건을 쓰고 싶어서가 아니라, 도둑질 자체 그 죄악이 좋아서였기 때문입니다."

우리는 도둑질을 좋아한다. 열매를 보아 그 나무를 알 수 있다 했다. 이 말에 비추어보면 우리는 도둑임이 분명하다. 이 말은 인간이 '하나님의 형상'이라는 말과 모순이 아닌가?

모순이다. 하지만 진실이다. 사람은 하나님의 형상에 따라 지음 받았지만 흙으로 지음 받은 존재이기도 하다. 이 모순의 양극 사이에서 우리는 헤맨다. 때로는 위대한 정신의 힘으로 욕망을 다스리지만 때로는 강력한 욕망의 덫에 붙들려 꼼짝달싹 못하는 모순된 존재여! 그렇다면 인간이 죄를 짓는 것은 유한한 인간의 어쩔 수 없는 한계라고 자위하고 말 것인가? 아니다, 절대로 그렇지 않다. 하나님의 형상으로 흙의 중력을 벗어나야 한다. 그래야 사람이다. 삼키기 힘든 알약 같은 라오서老舍의 경구 한 구절 복용을 제안한다.

"눈앞의 쾌락은 고상한 포부를 멀리 쫓아내버린다."

마음을 목표로 삼은 도둑

"도둑질하지 말라"는 '정신'을 목적어로 취하기도 한다. 지적 소유권에 대한 논의가 분분하다. 각고의 노력 끝에 얻은 정신의 산물은 존중되어야 한다는 말이다. "해 아래 새 것이 없다"는 말로 남의 정신의 산물을 훔치는 일은 사라져야 한다. 인문학에서 표절의 문제는 심각하다. 남의 텍스트를 적당히 표절해서 새로운 텍스트를 만들어내는 기술을 문학에서는 혼성모방pastiche이라 한다. 혼성모방이 문학 창작의 한 방법이 될 수 있는가에 대한 논쟁이 활발하지만 나는 그 속에 작가의 일관된 관점이 있고, 고민의 깊이가 있다면 그것도 세상읽기의 한 방법일 수 있다고 생각한다.

그런데 혼성모방의 대가들은 누구인가? 목사들이다. 일주일에 몇 번씩이나 설교를 해야 하는 목사들은 하나님의 음성을 기다릴 틈도 없이 하나님의 말씀을 생산해내야 하는 경우가 많다. 그러다보니 남의 설교를 차용하고, 각색하고, 윤색하는 경우가 많다.

그 고민이야 모르는 바 아니다. 그러나 물어야 할 것이 있다. 자기의 시각에서 그것을 바라보고, 하나님 앞에서 진지한 성찰 과정을 거치며, 자신의 신앙적 응답을 전제한 차용인가? 아니면 문자의 차용인가? 부정직한 표절은 우리 정신을 해친다. 두렵고 떨리는 마음으로 아브라함 J. 헤셸의 경고를 되새겨 듣는다. "영의 세계에서는 개척자가 될 수 있는 자만이 상속자가 될 수 있다. 영적인 표절의 대가는 자신의 순수 무결을 상실하는 것이다. 자기 확대는 자기 배신이다."

"도둑질하지 말라"는 일리를 붙잡고 인생 광야를 건너자.

네 이웃에 대하여
거짓 증거하지 말라

/

우리 시대에 메타포隱喩의 대가는 시인이나 소설가가 아니다. 정치가들이다. 그들은 타고난, 어쩌면 살아남기 위해 후천적으로 습득한 언어감각으로 수많은 메타포를 만들어낸다. 신문을 보는 사람이라면 '깃털', '떡고물', '희생양'들의 단어를 '새에 붙어 있는 털', '떡 거죽에 바르는 고물', '제사 지낼 때 신에게 바치는 양'으로 이해할 사람은 별로 없다. 정치인들에게 감사할 일이다. 우리가 학교에서 배우지 못한 언어감각을 키워주고 있으니 말이다. 하지만 그들의 메타포에서는 퀴퀴한 부패의 냄새가 난다. 뭔가를 숨기기 위해, 그러면서도 자기의 죄를 축소하기 위해 구사하는 저들의 현란한 수사修辭가 언어의 진실성을 크게 해친다. 기억하는가?

"그런 일은 있지도 않았고, 있을 수도 없고, 있어서도 안 됩니다." 5공 청문회에 나와 국민을 우롱했던 어느 정치인의 화려한 레토릭이다. 말의 인플레이션 시대, 바짝 달아오른 말들이 음란하게 교미하는 시대, 냉수처럼 시원하고 청량한 말을 듣기 어려운 시대, 잘못은 다 남의 탓이고 나의 책임이 없다고 발뺌하는 시대. 이 시대를 향해 하나님은 우레와 같은 목소리로 말씀하신다.

"네 이웃에 대하여 거짓 증거하지 말라"(출 20:16).

이쯤 되면 정치인들이 사돈 남 말한다고 냉소를 퍼부을지도 모르겠다. 세칭 종교인들이 사용하는 말의 인플레이션이야 다 아는 이야기 아니냐고 눙치기에는 사태가 너무 심각하다. 듣지도 않은 하나님의 음성을 들었다고 하고, 보지 못한 것을 보았다고 하고, 경험하지 못한 것을 경험했다고 하면서 어수룩한 사람들의 등을 벗겨 먹는 종교인들은 없는가? 사람들의 종교심과 근원적인 두려움을 이용해 제 배를 불리려는 거짓 예언자들을 보고 하나님은 뭐라 하셨던가? "황무지에 있는 여우"(겔 13:4). 하나님께 빌고 또 빈다. "포도원을 허는 작은 여우를 잡아주소서"(아 2:15). 그리고 교회 담장 위에 올라가 외친다.

"거짓 증거하지 말라."

날마다 마주하는 거짓말들

본래 이 계명은 형사소송과 관련한 법정판결과 관련이 있었다고 한다. 즉 일방적인 법 운용으로 일어날 수도 있는 법적인 살인에서 개개인을 보호하려는 계명이었다는 것이다. 인간은 어떤 경우에라도 오류를 범할 가능성이 있다. 궁극적 진실 혹은 절대적 진실이라는 말은 오직 하나님께만 적용된다. '절대絶對'라는 말 자체가 '상대하여 비교할 만한 것對'이 '없음絶'을 뜻하지 않던가? 사람은 아무리 공정을 기해도 그릇된 판단을 할 수 있다. 그러므로 하나님은 만사를 일방적인 증언으로 결정하는 것을 금하신다. "사람이 아무 악이든지 무릇 범한 죄는 한 증인으로만 정할 것이 아니요, 두 증인의 입으로나 세 증인의 입으로 그 사건을 확정할 것이며"(신 19:15).

어떤 경우에라도 한 사람 한 사람을 하나님의 형상대로 지음 받은 고귀한 인격으로 대하라는 그분의 마음을 읽는다. 때로는 마음으로 도저히 용납할 수 없는 사람들이 있다. "원수까지 사랑하라"는 예수님의 명령에도 불구하고 그와 더불어 한 하늘 밑에 살고 싶지 않은不俱戴天 파렴치하고 잔혹한 범죄인들 말이다. 그럼에도 하나님은 그들을 함부로 대하지 말라고 하신다. 생은 누구에게나 소중한 것이기 때문이다.

'사람이 사람을 재판할 수 있는가?'로 고민했던 1960년대 대법관 김홍섭 판사는 규범은 자연 이성에 부합해야 하고, 자연 이성은 하나님의 뜻에 어긋나지 않아야 한다고 생각했다. 제9계명을 바로 이해하는 사람의 겸손이다.

거짓 증거가 법정 개념이라 해도 그 뿌리는 '거짓말'이다. 남을 해하기 위해 고의로 하는 거짓말이든, 본의 아니게 하는 거짓말이든, 선의의 거짓말이든 거짓말은 사람 사이의 신뢰의 터전을 근본적으로 뒤흔들게 마련이다. 참소讒訴, 위증僞證, 왜곡, 과장, 아첨, 험담, 헛소문, 허위기사, 공갈, 오리발 내밀기…. 슬프지만 우리가 날마다 접하는 거짓말의 유형들이다. 가히 우리는 거짓의 바다에 떠 있는 격이다. 원죄를 '보편적인 죄의 상황'으로 규정한 카를 라너Karl Rahner라는 신학자가 있다. 서울 하늘 아래 살면 서울의 공기를 마실 수밖에 없는 것처럼 사람은 그 시대를 닮는다. 상황으로부터 자유로울 수 없다. 그럼에도 불구하고 작가 고은이 들려주는 아름다운 이야기 한 토막을 들려주고 싶다.

나는 저 멀리 먼 벵갈 바다 짙푸른 바다를 다 안단다. 어느 곳에서는 바다의 짠물을 뚫고 민물이 솟아 나온단다. 뱃사람들은 먼 바닷길에서 물이 떨어지면 그곳으로 가서 물을 마시게 된단다.

그래서 뱃사람들은 그 물을 도솔천의 물이라고도 하고, 생명의
물이라고도 한단다. _《화엄경》

나는 이 아름다운 이야기에 반했다. 짠물을 뚫고 솟아나오
는 민물, 그리스도의 이름으로 불리는 사람들(기독교인)은 바
로 이런 사람이어야 하지 않겠는가? 거짓의 바다에서 솟아
나오는 진실의 샘물, 그래서 목마른 사람들에게 생명의 샘
물 한 잔 시원하게 대접할 수 있는 사람. 누가 뭐라 해도 바
위처럼 굳건히 버티고 서서 거짓에 굴복하지 않는 사람, 연
약한 이들 앞에서는 한없이 부드러운 미풍이다가도 거짓 앞
에서는 무서운 폭풍우가 되는 사람. 자기의 이익을 위해서
거짓을 지어내기보다는 차라리 가난한 자유인으로 살아가
기를 택하는 사람. 죽음의 위협 앞에서도 홀로 당당한 사람.

풀무불 앞에서도 사자굴 앞에서도 거짓에 절하지 않는 그
런 사람이고 싶다. 우리 주님이 그러셨듯이 말이다. 지금도
십자가에 달리신 분은 '목마르다' 하시는데….

"세상에서 제일 더러운 것은 타락한 신자요, 가장 아름다
운 것은 회개한 죄인이다"라는 무함마드의 말은 어쩌면 이리
도 적확한 말인가. 믿는다 하면서도 거짓말하는 신자는 더
럽기 한없다. 그러나 거짓의 겉껍질을 벗어버리려고 몸부림

치는 신자는 참으로 아름답다.

정약용은 일찍이 성의誠意 공부는 거짓을 버리는 데서 시작된다고 했다. 거짓말하는 것을 마치 세상에서 가장 악하고 큰 죄가 되는 것으로 보아야 참사람이 될 수 있다는 것이다. 선비들의 몸가짐, 마음가짐이 이러했을진대 하나님나라 백성을 자처하는 기독교인들이야 새삼 말해 무엇하랴.

신앙인들이여, 말이든 글이든 편법을 쓰지 마라. 키질을 해 알곡을 고르는 사람처럼, 체로 쳐 고운 가루를 얻는 사람처럼 진실의 키와 성의의 체로 거짓과 편견과 이기와 탐욕을 거르면서 살라. 하루를 위해 고귀한 영혼에 켜켜이 거짓의 분을 바르지 마라. 참과 거짓이 싸울 때에 겁 많은 자의 용기로나마 참의 편에 서라. 진실의 샘물이 말라버린 시대라 해도 그 샘 저 밑바닥을 흐르는 지하 수맥이 되라. 목소리를 빼앗긴 사람들의 입이 되어 살라. 가슴속에서 이 소리가 늘 종소리 되어 울리게 하라.

네 이웃의 집을 탐내지 말라

/

하와가 뱀의 유혹에 빠져 선악을 알게 하는 나무를 쳐다보았을 때 그 열매는 얼마나 매혹적이었던가? "여자가 그 나무를 본즉 먹음직도 하고 보암직도 하고 지혜롭게 할 만큼 탐스럽기도 한 나무인지라"(창 3:6).

창세기 기자의 표현은 현대의 어떤 작가보다도 현대적이다. 죄의 유혹에 속절없이 끌려가는 인간의 무력함을 이렇듯 간결하게, 그리고 함축성 있게 표현할 수 있는 작가는 드물다. 죄는 들음에서, 그리고 바라봄에서 시작한다. 누구의 음성을 듣고 누구를 바라보는가가 우리의 생을 결정한다. 어머니의 목소리를 가장한 호랑이의 음성을 듣고 문을 열면 낭패를 당하게 마련이다. 보지 말아야 할 것을 보고 나면 속에 병이 든다. 그 병의 이름은 '탐욕'이다.

'탐욕'은 암 세포와 같다. 건강한 세포는 유기체의 조화와 공존을 위해 자신의 필요를 절제하고 양보할 줄 알지만 암 세포는 그가 속한 유기체의 전체 조화에는 아랑곳없이 무한정으로 자기 확장을 도모한다고 한다. 일단 탐욕의 바이러스가 우리 속에 들어오면 가장 먼저 드러나는 증상은 내면적인 여백이 사라지는 것이다. 탐심에 사로잡힌 영혼은 다른 사람을 배려하거나 이해하고 좋은 것을 나누지 못한다. 그에게 '이웃'은 없다. '타인'이 있을 뿐이다. 사르트르가 "타인은 나에게 있어서 지옥이다" 했던, "타인의 시선이 나를 타락시킨다"고 했던…. 따라서 탐욕에 사로잡힌 영혼에게 세상은 지옥이다. 온갖 화려한 것들이 넘치는 지옥, 울긋불긋한 것으로 몸을 감싸기는 하지만 헐벗은 영혼의 누추함을 가릴 수는 없는 지옥이다.

순식간에 전 세계를 휩쓸고 지나가는 인플루엔자 바이러스처럼 탐욕의 바이러스는 지금 장거리 통신망을 타고, 공중파들을 타고 급속히 전파되고 있다. 현대인들은 듣고 봄에서 자유롭지 못하다. 에덴동산에 등장했던 뱀은 오늘 소비의 마술 동산에 '광고'의 의상을 입고 출몰한다. 교활한 광고는 상품에 교양인이라는 부가가치까지 덧칠하여 소비자를 자극한다. "이 정도는 누려야 사는 것이지. 그렇게 청승을 떨며 살아봐야 무슨 소용이람. 인생은 짧은 거야, 이 양반아. 즐기며 살라고." 이렇게 우리를 가장 깊이 이해하고 염려하고 사랑하는(?) 광고의 중력권 안에서 우리는 살아간다. 날마다 광고를 듣는다. 눈으로 본다. 매혹당한다. 그리고 그 상품을 향해 손을 뻗친다. 매혹당한 마음에 금지의 명령은 들려오지 않는다. 최면에 걸린 사람처럼 오로지 한 음성에만 복종한다. "소유하라." 이렇게 해서 타락은 완성된다.

많은 사람들이 자기에게 진정으로 필요한 것이 무엇인지를 생각해볼 여유도 없이 시장에 나타난 상품의 소비자가 되고 만다. 장 보드리야르Jean Baudrillard는 이런 사람을 '사물의 계략에 빠진 사람'이라고 했는데 이는 참으로 적확한 표현이다. 소비자들은 저항다운 저항 한번 제대로 못해보고 사물의 유혹에 즐거이 투항한다. 그래서 현대인을 '인간'이 아니라 '소비자'라고 하는 것인지도 모른다.

부둥켜안고 씨름하는 헛된 것

물론 욕망 자체가 나쁜 것은 아니다. 욕망은 삶을 이끌어가는 추진력이다. 아무런 의욕도 없는 인생은 둘 중 하나다. 해탈한 사람이거나, 시체다. 욕망이 없을 수는 없다. 문제는 그 욕망의 조절 장치가 우리 속에 내장되어 있느냐는 것이다. 욕망은 크기를 가늠할 수 없다. 그래서 어느 시인은 욕망을 '허구렁'이라 했다. "모든 강물은 다 바다로 흐르되 바다를 채우지 못하는"(전 1:7) 것처럼 우리 속에 있는 욕망의 허구렁을 채울 수 있는 강물은 없다.

그리스 신화에 '에리직톤'이라는 인물이 나온다. 그는 데메테르 여신의 숲에 들어가 신이 아끼는 나무를 벤 죄로 징벌을 받는다. 데메테르 신은 에리직톤에게 굶주림의 저주를 내린다. 그는 아무리 먹어도 배가 고프다. 급기야 그는 자기 딸들을 팔아 음식을 사고, 결국은 자기 살을 뜯어 먹다 죽고 말았다. 에리직톤 이야기가 한갓 옛날 신화 속의 이야기로 들리지 않는 까닭은 왜일까? 딸의 성을 상품화해서 돈을 벌려 했던 어느 비정한 아버지가 우리를 놀라게 하고, 아버지의 위세를 등에 업고 무소불위한 권력을 휘둘렀던 '작은 산 小山'에 대한 소문이 우리를 아연하게 한다. 수많은 에리직톤의 후예들이 거리를 거닐고 있다.

안 보고 안 들을 수는 없다. 그러려면 세상 밖으로 나가야할 테니까. 하지만 욕망으로 눅눅해진 영혼을 바람에 널어말릴 수는 있다. 어린 시절 어머니에게 듣던 도깨비 이야기를 기억한다. 밤길을 걷던 사람이 도깨비를 만나 밤새도록 씨름을 했다. 새벽닭이 울고, 동녘이 희뿌옇게 밝아오자 도깨비는 혼비백산해서 달아났다. 숨을 돌리고 보니 자기가 부둥켜안고 씨름했던 것은 수수빗자루에 지나지 않았다. 우리는 지금 날이 밝으면 사라져버릴 것, 겨우 수수빗자루에 지나지 않는 것을 부둥켜안고 죽도록 씨름하는 것은 아닌가?

마음에 빛을 품고 사는 사람들이 있다. 그들은 물질적으로는 초라할지 몰라도 마음에는 태양을 품고 사는 사람들이다. 어두운 눈으로 세상을 바라보면 세상은 온통 어둠이다. 슬픔의 눈으로 세상을 보면 세상은 온통 울음바다다. 그러나 맑은 눈으로 바라보면 세상에는 아지랑이처럼 피어나는 행복도 있다.

고통과 슬픔이 없을 수는 없다. 결핍의 괴로움이 없을 수는 없다. 하지만 슬픔과 고통을 날실로 삼고 즐거움과 감사함을 씨실로 삼아 행복의 피륙을 짜는 사람들이 있다는 사실이 우리의 행복이다. 생을 근원적으로 긍정하는 사람들, 그들이야말로 참 부자다. 소유하는 것으로 행복을 삼지 않고, 나누는 것을 행복으로 삼는 마음이 부유한 사람들이 있어 세상은 그래도 살 만하다.

'십계명'의 말씀을 통해 많은 말을 했다. 주워 담을 수도 없는 말들이기에 두려움이 크다. 다음 이야기를 곰곰이 되새길 뿐이다.

스스로를 진리의 추구자라고 묘사하는 어느 방문객에게 스승은 말했다. "당신이 찾는 것이 진리라면, 모든 것에 앞서 한 가지 갖추어야 할 것이 있습니다."

"알고 있습니다. 진리에 대한 넘치는 열정이지요."

"아닙니다. 자기가 잘못인지도 모른다고 끊임없이 인정할 용의가 있어야 합니다."

_앤서니 드 멜로,《일 분 지혜》

하늘에 계신 우리 아버지,
아버지의 이름을 거룩하게 하시며
아버지의 나라가 오게 하시며
아버지의 뜻이 하늘에서와 같이
땅에서도 이루어지게 하소서.
오늘 우리에게 일용할 양식을 주시고,
우리가 우리에게 잘못한 사람을 용서하여 준 것같이
우리 죄를 용서하여 주시고,
우리를 시험에 빠지지 않게 하시고, 악에서 구하소서.
나라와 권능과 영광이 영원히 아버지의 것입니다, 아멘.

주.
기.
도.
문.

삶의 자리에서 몸으로 구현하는 기도

우리에게도
기도를 가르쳐주소서

/

기도를 가르쳐달라니, 예수님의 제자들은 순진하기도 하다. 우리 같으면 절대로 그런 부탁은 하지 않는다. 기도에 대해서라면 세상 사람들이 다 내게 와서 배워야 한다고 자부하는 사람들이 아니던가. 새벽기도, 철야기도, 산기도, 금식기도, 릴레이기도, 40일 작정기도, 100일 작정기도, 통성기도까지, 이른 새벽에 일어나 아무도 긴지 않은 정화수를 떠 장독대 위에 올려놓고 천지신명께 두 손 모아 빌던 조상들의 유전인자 덕분인지, 우리는 참 열심히 기도하는 민족이다.

북한산은 기독교인들에게 삼각산으로 더 잘 알려졌다. 백운대, 인수봉, 만경대 삼봉을 가리키는 명칭이다. 아, 삼각산! 기독교인 중 많은 이들이 삼각산이라는 말이 주는 울림에 감동한다. 그곳에서 곤고했던 시기에 은혜 받고, 변화 받고, 능력을 받았기 때문이다. 지금도 수많은 사람들이 북한산, 아니 삼각산에 올라가 눈물로 기도한다. 대남문 남동쪽에 있는 보현봉은 서울을 두루 조망할 수 있는 최고의 전망대이다. 그럼에도 보통 사람들은 감히 그곳에 가려 하지 않는다. 주인이 있기 때문이다. 눈보라가 몰아치는 한겨울에도, 폭염이 내리쬐는 한여름에도 그곳 바위너설 이곳저곳에 자리 잡고 앉아 큰 소리로 기도하는 사람들, 보현봉은 그들만의 성지이다. 무슨 사연인지는 알 수 없지만 그들의 목소리는 절박하다. 어떤 절박한 심정이 저들을 저 험한 바위 사면까지 오르게 했을까? 나는 그들의 정성에 감탄한다.

보현봉을 바라보는 일반 등산객들의 시선은 사뭇 곱지 않다. 노골적인 경멸을 담아 욕설을 퍼붓는 사람도 있다. 대남문 아래에 있는 '문수사'에서 염불하는 소리라도 틀어놓으면 산은 아연 종교 간의, 혹은 영들의 전쟁터인 양 소란하기 그지없다. 보현봉 주인들의 기도 소리가 고조되는 것은 물론이다.

그곳에 하나님의 영광이 있는가? 예수님을 닮은 혼이 있는가? 나는 울고 싶은 심정이 되어 발걸음을 재촉한다. 텅 비어 가득한 고요 속으로. 고요함을 잃은 마음이 하늘을 향해 구한다.

"주여, 우리에게도 기도를 가르쳐주소서"(마 11:1).

우리는 도움을 청하기 위해 하나님께 나아간다. 때로는 긴급한 생의 위기에 몰려 하나님의 도우심 없이는 도저히 해결할 수 없을 것 같은 문제를 안고 하나님 앞에 선다. 때로는 속달로, 때로는 등기로 하나님께 소원을 아뢴다. 건강, 취직, 입학, 재산, 영적 평안을 달라고. 그러다가 우리가 남발한 기도의 청구서 앞에서 침묵하시는 하나님을 원망하기도 한다. 하지만 우리가 정작 감사해야 할 것은 때로 '나'의 기도를 들어주시지 않음일 때가 많다. 우리는 무엇을 구해야 하는지도 모르는 몽매한 죄인이기 때문이다. 성취되지 않는 기도, 기각棄却된 기도는 우리 자신을 돌아보라는 하늘의 요구이다. 하여 기각된 기도 앞에서 우리는 기도한다. "주여, 우리에게도 기도를 가르쳐주소서."

기도는 상호소통행위이다. 그러나 우리가 바치는 많은 기도가 일방통행이다. 기도자는 송신자이자 수신자가 되어야 한다. 제 할 소리만 다하고는 전화를 끊어버리는 무뢰한들처럼 기도의 무뢰한들이 왜 그리도 많은지? 침묵을 전제로 하지 않은 언어행위가 소음인 것처럼 하늘의 소리를 듣기 위한 여백이 없는 기도는 독백이기 쉽다.

부서진 번개불

까맣게 속이 타는 빛의 씨알들처럼

왜 자꾸만

기도가 하늘에서 쏟아질까.

이 작은 방에

쓰리고 아픈 눈물에 젖은 기도들이

뼈 마디마디 울리는 기도들이

하늘도 되돌려주는 기도들이

이젠 세상으로 흩어질 밖에 없어라.

어두워 오는 하늘 아래

파아란 횃불로 타오르려고.

_문익환, 〈301호실〉

시인은 감옥의 작은 방 안에서 하나님께 기도한다. 기가
막힌 세상에서 하나님의 공의를 이루어달라고? 그런데 시인
은 문득 하늘에서 기도가 자신에게 쏟아져 내려옴을 느낀
다. 하늘이 그에게 기도를 되돌려주는 것이다. 전복적 상상

력이다. 시인의 상상력은 불경인가? 아니다. 그는 하나님의 심정을 헤아리고 있다. 빛의 씨알들마냥 "어두워 오는 하늘 아래 파아란 횃불로 타오르라"는 하늘의 부탁을 헤아리는 것이다.

우리는 날마다 하늘의 음성을 듣기 위한 여백을 마련해야 한다. 그래야 철든 신앙인이 될 수 있다. 그래서 우리는 기도 한다. "주여, 우리에게도 기도를 가르쳐주소서."

기도, 나를 조율하는 시간

그런데 대체 왜 우리는 기도하는가? 현실의 가장자리에 살면서 그 중심에 닿는 길을 찾기 위해서다(헤셸). 우리는 중심이신 하나님 덕분에 살면서도, 중심에 이르는 길을 잃고 산다. 중심이 없기에 우리 삶은 늘 시끄럽고, 복잡하고, 뒤숭숭하다. 음이 엉망이 되어버린 기타처럼 우리 삶은 조화를 잃었고, 그래서 '안녕'하지 못하다. 기도하는 시간은 '나'를 조율하는 시간이다.

신학교 시절 노래를 잘하는 친구가 있었다. 그의 청아한 목소리는 우리 속에 있는 선善과 평화를 끌어내는 힘이 있었다. 어느 날 그에게 노래 잘 하는 비결을 농담조로 물었다. 그러나 그의 대답은 진지했다. 피아노 음을 짚으면서 그대로 소리 내는 연습을 하라는 것이다. 피아노를 기본음으로 삼아 내 목소리를 조율하라는 것이다. 나는 그의 말에서 기도를 배웠다. 하나님의 마음과 하나 되기 위해 나를 조율하고 치유하는 것, 그것이 나의 기도다. 하나님과 심정을 통하기 위해 통곡했던 한나, 앗수르 왕의 편지를 여호와 앞에 펼쳐 놓고 하나님의 처분만 기다리는 히스기야, 원망하는 백성들의 따가운 시선을 안고 회막에 들어가 "어쩌지요?" 하고 물었던 모세, 겟세마네 동산에서 기도하신 예수님…. 이들의 기도시간은 한결같이 하나님 뜻에 자신의 뜻을 조율하는 시간이었다.

잘 알면서도 우리는 하나님의 뜻보다 '나'의 뜻을 앞세운다. '육신을 가진 인간이기에'라는 낯 뜨거운 핑계로 무장한 채. 하여 우리는 구한다. "주여, 우리에게도 기도를 가르쳐 주소서."

그 길로 부름 받은 존재

저 하늘을 자유롭게 날아다니는 새들도 날기를 연습한다. 부리에 문 작은 돌멩이를 하늘 높은 곳에서 떨어뜨리고는 쏜살같이 날아내려 그것을 낚아채는 새의 비행을 본 적이 있다. 새들의 사냥연습이다. 맹수들도 수없는 시행착오를 거듭하며 사랑을 배운다. 성도(아, 이 무거운 이름!)답게 살기 위해서는 눈물겨운 훈련이 필요하다. 특히 기도의 훈련이 절실하다. "오직 자신을 순결하게 하고자 애쓰는 자만이 위로부터 도움을 받는다. 자신을 조금이라도 성화聖化하는 자만이 위로부터 더 큰 성화를 입는다"(헤셸)지 않던가.

우리는 하루에도 몇 번씩 갈마드는 미움과 사랑, 원망과 감사, 비애와 기쁨, 절망과 희망 사이에서 널뛰듯 살아간다. 그러나 그 모든 삶의 계기들은 성도가 되려는 이들의 기도의 양식糧食이 된다. 미움과 원망과 비애와 절망을 가슴에 품어 그것을 사랑으로 감사로 기쁨으로 희망으로 바꾸어 하나님 앞에 바치는 것, 그것이 성도의 삶이다. 그것은 결코 쉬운 길이 아니다. 하지만 그것은 가야만 할 길이다. 우리는 그 길로 부름 받는 존재이기 때문이다. 마음속에 결코 용납할 수 없는 사람들, 혹은 납득할 수도 이해할 수도 없는 일들 앞에서 우리는 기도한다. "주여, 우리에게도 기도를 가르쳐주소서."

기도祈禱는 기도企圖가 되어야 한다. 우리가 할 수 있는 일조차 하늘에 맡기려는 것은 영적 태만이다. 기도하는 자는 그 일을 이루기 위해 최선을 다해야 한다. 쉽게 말하자. 수해 만난 사람들이 희망을 잃지 않고 살아가도록 용기를 달라는 기도는 누구나 할 수 있다. 그러나 참 기도는 그들의 삶의 자리를 찾아가 그들의 시선을 통해 우리를 보시는 하나님과 더불어 땀을 흘리는 것이다. 그런 의미에서 우리는 기도를 모른다. 그래서 구한다.

"주여, 우리에게도 기도를 가르쳐주소서."

하늘에 계신 우리 아버지여

우리 아버지.

초등학교 시절 서울에서 자취생활을 하던 나는 방학이면 개선장군처럼 고향집으로 향했다. 부모님은 객지에서 고생하는 아들을 극진히 사랑해주셨다. 어지간한 잘못도 미소로 받아주셨다.

그러던 어느 해 여름, 무슨 일 때문인지는 기억이 나지 않지만 아버지는 산에서 꺾어온 싸리 회초리로 내 종아리를 때리셨다. 기가 막혔다. 속으로 '아니, 서울에서 고생하다가 온 나를 때려?' 하는 반발심이 모락모락 피어났다. 나는 앙칼진 시선으로 아버지를 노려봤다. 그때 나는 아버지의 울먹이는 음성을 들었다. "아버지가 때리면 '잘못했습니다' 하든지, 아니면 도망을 쳐야지 그렇게 버티면서 반항해?" 아, 그때 나는 알았다. 아들의 묵과할 수 없는 잘못에 매를 드시면서도 아파하시는 아버지의 마음을. 갑자기 눈물이 솟구쳤다. 그러곤 도망쳤다. 등 뒤에 아버지의 음성이 들려왔다. "너 이놈, 집에 들어올 생각은 꿈에도 하지 마라."

참으로 슬펐다. 아버지의 마음을 알았으니 원망을 하지는 않았지만, 집에 돌아갈 일이 걱정이었다. 바닷가 소나무 숲에 앉아, 나문재나물을 뜯어먹다가 게으르게 되새김질하는 소를 물끄러미 바라보기도 하고, 멀리 지나가는 새우잡이 배를 보면서 저 배를 얻어 타고 멀리 도망가고 싶다는 생각도 했다. 석양의 바닷가는 얼마나 쓸쓸했던지…. 저녁 이내가 번지고, 집집마다 저녁밥 짓는 연기가 모락모락 피어나고, 들에서 산에서 뛰노는 아이들을 부르는 엄마들의 목소리를 들으면서 나는 울었다. 그 음성 속에는 나를 부르는 어머니의 목소리도 섞여 있었지만, 나는 집으로 갈 수 없는 사람이었다.

그러나 칠흑 같은 어둠이 드리우고, 그 어둠이 주는 두려움 때문에 고양이처럼 소리 없이 집 가까이 다가간 나는 문앞에 서 계신 어머니를 보았다. 어머니는 주저하는 나를 잡아끌면서 아버지가 잠드셨으니 조용히 들어오라고 하셨다.

조심스럽게 방으로 들어가니 아버지는 벌써 윗목에 잠들어 계셨고, 어머니는 아랫목에 있던 밥상을 끌어 내 앞에 놓으셨다. 행여 아버지가 깨실세라 숨죽인 채 밥을 다 먹고, 숭늉까지 한 그릇을 비우고 상을 막 내놓으려는데 잠이 든 줄 알았던 아버지가 가만히 일어나셨다. 그리고 물으셨다. "잘 먹었니? 무서웠지?"

아, 아버지는 기다리고 계셨던 것이다. 나의 방황은 아버지의 사랑의 품을 벗어날 수 없었다. 나중에 신학을 공부하고 구원이란 '받아들여짐'의 체험이라고 배웠다. 나는 그때 이미 '조건 없이 받아들여짐'을 체험했던 것이다. 이것이 아버지에 대한 나의 원형적인 체험이다. 이후에는 아버지의 어떤 말씀도 사랑임을 의심하지 않았다.

조건 없이 받아들임

딸아이가 어렸을 때 나는 아이와 비행기 놀이를 하면서 놀았다. 방바닥에 누운 채 아이의 배에 발을 대고 수직으로 들어올린다. 그러고는 전후좌우로 이리저리 흔들어대다가, 신이 나면 잡았던 손까지 놓고 그야말로 위험스럽기 그지없는 곡예비행을 즐겼다. 아이는 무서운 기색도 없이 깔깔거리며 웃곤 했다. 어느 날 아이에게 물었다.

"무섭지 않니?"

"아니요."

"정말 안 무서워?"

"그럼요, 설마 아빠가 딸을 떨어뜨리기야 하겠어요!"

나는 내가 아버지라는 사실을 이처럼 고맙고 소중하게 느껴본 적이 없다. 누군가가 나를 전폭적으로 믿고, 내게 모든 것을 내맡기고, 평안할 수 있다는 것, 내가 그 아이의 든든한 품이 되고 있다는 것, 그것은 감동이있다.

우리의 기도를 들으시는 분, 아버지

예수님은 기도를 가르쳐주시면서 기도를 받으시는 하나님을 "아버지"라 부른다. 은혜로우신 하나님도, 전지전능하신 하나님도, 생명의 주가 되시는 하나님도 아니다. '아버지!' 그뿐이다. 우레와 번개와 빽빽한 구름, 그리고 나팔 소리와 함께 강림하는(출 19:16) 하나님, 그의 모습을 보면 누구라도 죽을 수밖에 없는 하나님, 공포와 외경의 대상인 하나님이 아니라, 집을 나갔다가 돌아오는 방탕한 아들을 먼발치에서 보고는 달려 나가 그를 부둥켜안는 아버지(눅 15:20). 그분이 우리의 기도를 들으실 분이시다. 울타리를 둘러치고, 곳곳에 금제의 팻말을 써 붙이고, 무서운 징벌로 위협하며, 우리의 자유를 제한하는 분이 아니라, 때로는 울타리 밖으로 달려 나가는 자식들의 모습을 지켜보면서도 아파하는 사랑으로 기다리시는 아버지, 그분이 우리의 기도를 들으시는 분이다.

하나님은 '나'의 아버지시기도 하지만 근원적으로는 '우리' 아버지시다. 예수님은 '우리 아버지'라는 말을 가지고 기도를 순전히 사적인 목적으로 드리려는 유혹을 차단하신다. 인정하기 싫지만 하나님은 나와 삶의 방식이 다른 사람들, 나와 정치적·종교적·문화적 입장이 다른 사람들, 내 비위에 맞지 않는 사람들의 아버지시기도 하다. 예수님도 제자들에게 내게는 "이 우리에 들지 아니한 다른 양들이"(요 10:16) 있다고 하셨다. 우리에 들지 아니한 다른 양들이 있음을 인정할 수 있는 사람들이라야 주님이 가르쳐주신 기도를 바로 드릴 수 있다.

하늘을 지닌 종교

"내가 산을 향하여 눈을 들리라. 나의 도움이 어디서 올꼬"(시 121:1). 아득한 일을 만나면 사람들은 먼 곳을 바라본다. 아득한 허공에 시선을 보낸다. 쓰러져버린 벼포기를 바라보다 기가 막혀, 담배 한 대 피워 물고 허공만 바라보는 농부의 시선은 무엇을 더듬고 있는 것일까? 손때 묻은 집기들을 정리하고, 동료들의 안타까운 시선을 느끼며 회사 문을 나서며 망연히 하늘을 바라보는 실직자의 시선은 무엇을 좇고 있는 것일까?

어떤 대상에도 초점을 맞추지 않은 텅 빈 시선, 그 시선이 향하고 있는 곳이 바로 하늘이다. 이글거리는 욕망의 눈으로는 볼 수 없는 곳, 삿된 정념을 여읜 텅 빈 눈빛으로만 볼 수 있는 곳, 그곳이 하늘이다. 그렇기에 하늘은 어디에나 있다. 들꽃 한 송이 속에도, 창공을 훨훨 나는 새의 날갯짓 속에도, 서로를 바라보는 연인들의 사랑스런 눈빛 속에도, 우리의 한숨 속에도 하늘이 있다. 하늘에 계신 아버지도 어디에나 계신다.

만물의 정신을 가뭇없이! 머금고
만물의 육체를 꿀먹는 벙어리
蒼天이여, 나의 한숨이여.
_정현종, 〈蒼天 속으로〉

시인은 만물의 정신과 육체를 머금고 있는 그 창천 속으로 뛰어들기를 갈망한다. 그 속에 뛰어들면 우리는 알게 된다.

우리가 그토록 찾던 하나님은 먼 데 계신 것이 아니라, 오래 전부터 우리 곁에 늘 계셨다는 것을. 그리고 더 근원적으로는 "하늘이 있는 곳에 하나님이 있는 것이 아니라, 하나님이 계신 곳에 하늘이 있다"(G. 에벨링)는 것을.

하늘은 가를 수 없다. 어느 누구도 독점할 수 없다. 마음대로 조정할 수도 없다. 하늘은 꽃이 되기도 하고, 별빛이 되기도 하고, 연인의 눈망울에 맺힌 눈물이 되기도 하고, 골고다 언덕 십자가 위에 달린 예수님의 거친 숨소리가 되기도 한다. 세상의 어떤 종교도 하늘을 독점할 수는 없다. 예수님은 하늘을 독점하려는 유대교의 오만을 꾸짖으셨다. 누군가를 배제함으로 자기 정체성을 지키려는 종교는 이미 하늘을 잃어버린 종교이다.

"하늘에 계신 우리 아버지여"(마 6:9).

아, 한국 교회가 이 한 마디를 바로 할 수 있다면!

이름이 거룩히 여김을
받으시며

/

이름은 곧 그 존재를 가리킨다. 이름은 관습적인 진술의 도구가 아니라, 그 이름을 지닌 자(것)의 독자적인 생을 가리킨다. 어느 순간 우리의 귓전을 스치는 누군가의 이름은, 우리를 기억 여행에로 초대한다. 그 이름이 불러일으키는 아련한 향수, 그리고 그와 더불어 맺었던 다양한 관계의 모습들, 시간을 공유하면서 경험했던 좌절, 분노, 사랑, 공감, 기쁨 등의 이미지들이 다소 바래긴 했지만 다채로운 빛깔로 떠오른다.

내가 외로울 때면 자주 읽는 로마서 16장에서 사도 바울은 자기의 '설 땅' 노릇을 해주었던 그리운 이름들에 감사한 마음을 담아 하나씩 떠올린다. 참으로 아름다운 회상이다.

바울이라는 존재 속에는 뵈뵈의 흔적, 브리스가와 아굴라 부부의 흔적, 기타 수많은 사람들과 다양한 관계의 흔적이 고운 무늬를 이루고 있다. 그 무늬를 빼고 나면 삶은 공허하다. 그렇기에 우리가 누군가의 이름을 부른다는 것은 하나의 사건이다.

내가 그의 이름을 불러주기 전에는
그는 다만
하나의 몸짓에 지나지 않았다.

내가 그의 이름을 불러주었을 때
그는 나에게로 와서
꽃이 되었다.
_김춘수, 〈꽃〉

시인은 꽃조차도 우리가 그 이름을 불러주기 전에는 물체에 불과하다고 말한다. 그 물체에 생명을 부여하고, 아름다운 빛깔과 향기로 우리에게 다가오도록 하는 것은 바로 우리의 호명이다. 우리가 누군가의 이름을 진실하게 부를 때, 비로소 우리는 온기 있는 존재로 살아가게 된다. 하나님의 부르심에 응답하여, 우리가 그분을 "하나님" 하고 부를 때 우리 마음에 일어나는 울림이 우리 생의 빛깔인 것이다.

가을걷이가 끝난 논길을 따라 낯선 마을에 가는 일은 적막하기 그지없었다. 길을 잃을까 두려워 한눈도 팔지 않고 형 뒤만 따라갔다. "형 얼마나 가야 돼?" "다 와가." 이런 문답이 몇 차례 반복된 후에야 비로소 참대로 둘러쳐진 작은 집 앞에 당도했다. 형도 긴장한 내색이었다. 조심스럽게 사립문을 열고 마당으로 들어선 형은 어른처럼 인기척을 냈다. 여닫이문이 열리면서 염소수염의 장년이 고개를 내밀었다. 누가 먼저랄 것도 없이 꾸벅 인사를 하는 우리를 보며 아저씨는 물었다.

"어떻게 왔니?"

"우리 아버지가요, 낼 모레 우리 집에 오셔서 구들을 놓아 달래요."

"너희 아버지가 누구신데?"

잠시 머뭇거리던 형이 의젓하게 말했다.

"절골에 사시는 김, ○자, ○자 어른이십니다."

"아, 그래, 알았다고 전해드려라."

아저씨의 표정에는 기특하다는 표정이 역력했다. 나는 얼어붙듯 그 자리에 서서 방금 형이 했던 말을 되뇌고 있었다.

'김, ○자, ○자 어른이십니다.' 이것이 내가 자각적으로 아버지의 존재를 의식한 최초의 순간이었다. 아마 여섯 살 무렵이 아니었나 싶다.

지금, 절실히 필요한 기도

하나님의 선민을 자처한 이스라엘 사람들은 감히 하나님의 이름을 입에 올릴 수가 없어서 모음 없이 자음으로만 기록하다가 끝내는 그 발음을 잊어버렸다 한다. 이런 숭경의 마음, 조심스러움이 종교의 본질이다. 그러나 오늘의 교회에서, 그리고 세상에서 하나님의 이름은 모독받고 있다.

문간에 있는 거지 나사로를 외면하면서 스스로 부유해지기를 추구하는 교회, 강도 만난 이웃들을 외면한 채 우리끼리 드리는 예배, 하나님에 관해서라면 다 알고 있다는 듯이 처신하는 종교 지도자들의 오만 속에서 하나님의 이름은 모독받고 있다. 우리를 따르는 사람이 아니라는 이유에서 예수의 이름으로 귀신 내쫓는 것을 금지했던 제자들의, 그리고 우리의 편협함(막 9:38) 때문에 하나님의 이름은 거룩히 여김을 받지 못하고 있다. 하나님의 이름으로 하나님의 뜻을 저버리고, 예수의 이름으로 예수의 삶을 부정하는 세상에서 우리는 기도한다. **"이름이 거룩히 여김을 받으소서"**(마 6:9).

어둠과 빛이 공존하는 세상, 희망과 절망이 교차하는 세상, 배고파 울 기운도 없는 아이들과 포식으로 숨을 헐떡거리는 아이들이 뒤섞인 세상, 성스러움과 야수성이 혼재된 세상에서, 하나님의 이름이 거룩히 여김을 받지 못하는 세계에서 우리는 기도한다.

"이름이 거룩히 여김을 받으소서."

거룩한 두려움을 품은 신앙

하나님께 합당한 영광을 구하는 것은 기도의 문을 여는 마음이다. 우리의 마음이 거룩하신 분의 현존을 향해 활짝 열리지 않으면, 우리가 바치는 기도는 허공을 맴도는 소음에 지나지 않을 것이다.

떨기나무 불꽃 가운데서 임재하신 하나님 앞에서 모세는 신발을 벗고 엎드렸다. 신발을 벗는 겸허함 속에 하나님은 꺼지지 않는 하늘의 불꽃을 심어주셨다. 흐르는 물에 자신의 얼굴을 비추어볼 수 없는 것처럼, 속세의 일들에 분주한 마음에 하늘빛은 스며들지 않는다. 마음을 모아 하나님의 거룩한 현존 앞에 선 사람은 이사야처럼 고백할 수밖에 없다. "재앙이 나에게 닥치겠구나! 이제 나는 죽게 되었구나! 나는 입술이 부정한 사람인데, 입술이 부정한 백성 가운데 살고 있으면서, 왕이신 만군의 주님을 만나 뵙다니"(사 6:5, 새 번역).

루돌프 오토Rudolf Otto의 말처럼 거룩은 두려움을 불러일으키는 신비mysterium tremendum인 동시에 매혹적인 신비mysterium fascinans이다. 거룩은 '다름'에 대한 자각이지만, 그것은 이상한 '근친성'을 느끼게 하는 다름이다. 나와 완전히 다른 세계라면 두려움만 있지 매혹은 느낄 수 없기 때문이다. 거룩은 어떤 의미에서 우리가 잃어버린 근원과 통하는 체험이다. 우리는 어디서 거룩의 현현을 보는가?

첫 아이를 낳고 회복실에서 병실로 돌아온 아내를 안쓰럽게 바라보던 나는 외람되지만 아내의 얼굴에서 거룩함을 보았다. 한 생명의 탄생을 위해 죽음을 무릅썼던 그 얼굴에는 기쁨이 있었고, 어딘가 깊은 곳에 가 닿은 자의 평안함이 있었다. 새로운 생명의 출산을 위해 천지가 무너지는 고통을 겪은 자에게만 허락되는 그 절대적인 평안함, 그리고 고요함 속에서 나는 구름 사이로 햇살을 보듯 거룩의 뒷모습을 보았다. 거룩은 새 생명을 탄생시키기 위한 고통과 관계된 것이었다.

하나님의 아들이 십자가에 못박혔을 때 어둠이 온 땅을 뒤덮고, 해는 빛을 잃고, 성전의 휘장 한가운데가 찢어진 까닭은 무엇인가? 부활의 생명을 잉태하기 위한 하늘의 몸부림이 아니었던가? 십자가에 달리신 분이 피 한 방울, 물 한 방울까지 다 흘리셨다는 말은 무슨 뜻인가? 새로운 생명을 낳기 위한 희생이 아니었던가?

하나님의 이름이 거룩히 여김을 받지 못하는 세상에서 "이름이 거룩히 여김을 받으소서" 하고 기도하는 이는 새 생명을 낳기 위한 하나님의 고통을 이해하는 자이며, 그 고통에 기꺼이 동참하는 자이다.

비틀거리고 비명을 지르며 패배한 것처럼 보이지만 끝끝내 일어서는 사람, 하늘의 불꽃에 점화되어 함께 타오르는 사람, 우리 속에 있는 어둠을 빛으로 변화시키기 위해 온몸으로 세상과 맞서는 사람, 사람이 사람대접 받지 못하는 세상에서 누가 뭐래도 인간적인 가치를 지키기 위해 온갖 불의에 맞서는 사람, 저마다 성공의 사다리를 오르려는 세상에서 뒤처진 이들을 기다려주고 그들과 동행해주는 이들, 인류라는 진흙탕 바닥에서 신성한 하늘의 노래가 들려오도록 하기 위해 힘쓰는 이들이라야 "이름이 거룩히 여김을 받으소서"라는 기도를 진실로 바칠 수 있다.

나라가 임하게 하소서

/

장사익이라는 노래꾼이 지어 부른 노래 가운데 '장국밥 집에서'라는 제목의 곡이 있다. 생의 온갖 풍상을 영혼 한켠에 고이 묻어 곰삭혔다가, 어스름 녘 쓸쓸할 때 혼잣소리로 툭 내뱉는 것 같은 목소리로, 쓸쓸하지만 서럽진 않은 목소리로, 사설을 읊조린다. "노래를 부른다. 허리가 굽은 그가 탁자를 타닥 치며."

아, 그가 "타닥 치며" 할 때의 그 구성진 소리가 내 가슴속 어딘가를 툭 친다. 노래는 이렇게 이어진다.

이 풍진 세상을 만났으니 너의 희망이 무엇이냐.
부귀와 영화를 누렸으면 희망이 족할까.

이 풍진 세상風塵 世上, 편안하고 고르지 못한 세상에서 우리의 희망은 무엇인가? 부귀와 영화? 누려본들 우리 속에 있는 헛헛증이 사라질까? 한국의 가인歌人들은 세상에서 입은 몸과 마음의 상처를 정신으로 다독거려 한의 미학으로 승화시켰다. 서럽고도 아름답다. 하지만 언제까지 한의 미학만 말하려는가?

세상은 그대로다. 선과 악이 등을 맞대고 있는 세상에서 약자는 괴롭다. 그래서 각설이들은 숫자노래를 통해 "구자나 한자나 들고나 보니, 구세주가 와야 할 판"이라 했나 보다. 구세주가 와야 할 판으로 규정된 세상은 낡은 세상, 뒤집어져야 할 세상이다. 지금 우리 사회의 일부 부유층들은 이런 노래가 불온하다고 여길 것이다. 그들은 술잔을 부딪뜨리면서 "이대로!"라는 말로 건배를 한다지 않던가. '이대로 족'은 "너희 부요한 사람, 지금 배부른 사람, 지금 웃는 사람은 화가 있다"(눅 6:24-25, 새번역)는 예수님의 노기 띤 음성을 듣지 못한다. 아니면 무시하든지. 하지만 '이대로'는 안 되겠다고 느끼는 이들은 하늘을 보면서 기도한다. **"나라가 임하게 하옵소서"**(마 6:10).

그 나라는 하나님의 나라이다. 하나님나라는 하나님의 통치권이 왜곡됨 없이, 구석구석까지 두루 미치는 생명의 세계이다. 그러나 현실 세계는 어떠한가? 어둡다. 날마다 우리는 야수적인 세상의 파열음을 들으며 산다. 죄악이 관영한 세상, 강포가 삶의 기본원리인 듯 여겨지는 세상에서 우리는 숨이 가쁘다. 아니, 사실 하나님이 더욱 숨이 가쁘시다.

그런데 가만히 우리를 확고하게 둘러싸고 있는 어둠의 뿌리를 캐가다 보면 우리는 낯익은 곳에 이르게 된다. 바로 우리의 마음이다. 예레미야는 "만물보다 더 거짓되고 아주 썩은 것은 사람의 마음"(17:9)이라 했다. 이 마음이야말로 우리가 일상적으로 경험하는 생지옥의 근원이다. 다른 사람을 손가락질할 것 없다. 세상의 어둠을 알려면 자기 마음만 찬찬히 들여다보면 된다. 자기 마음을 들여다본 사람은 기도할 수밖에 없다. "당신의 나라가 임하게 하옵소서! 이 어둡고 음습한 마음속에. 그리고 빛을 잃은 이 세상에."

빛 잃은 세상에 당신의 나라가

먼저 하나님나라는 우리 마음속에서 이루어져야 한다. 생텍쥐페리의 어린왕자는 자기 별을 떠나기 전, 매일 아침마다 언제 터질지 모르는 '화산'을 청소하고, '바오밥나무'의 뿌리를 뽑았다. 그것이 자기의 별로 지칭되는 삶의 세계를 보존하는 길이었던 것이다. 욕망으로 들끓는 내부의 충동이

폭발하지 않도록 지키는 일과, 삶을 파괴하고야 마는 지나친 욕구를 제거하는 일은 무릇 하나님의 형상대로 지음 받은 인간의 마땅한 책임이다. 우리 마음속에는 무엇이 자라고 있는가?

노부시게라는 사무라이가 하쿠인 에카쿠를 찾아와서 물었다.

"천국과 지옥이 정말 있습니까?"

"자네는 무엇을 하는 사람인가?" 하쿠인이 물었다.

"사무라이입니다." 자부심에 가득한 전사가 대답했다.

"사무라이라구?" 하쿠인은 비웃듯 말했다.

"대체 어떤 영주가 자네 같은 자를 곁에 두려 하겠는가? 자네 모습은 비루먹은 강아지 꼴이 아닌가?" 노부시게는 분이 가득해서 칼에 손을 가져갔다. 그런데도 하쿠인은 말을 계속했다.

"오, 자네에게 칼이 있었던가? 이런, 하지만 자네 칼은 너무 무뎌서 내 목을 벨 수도 없겠네 그려." 노부시게가 마침내 칼을 뽑아 들자 하쿠인은 그의 눈을 똑바로 바라보며 호통쳤다. "그게 바로 지옥일세!"

망연히 서 있던 사무라이는 칼을 칼집에 꽂고 매우 겸손하게 그리고 존경심을 담아 하쿠인에게 절했다. 그러자 하쿠인은 말했다. "이것이 천국일세!"

하나님나라는 먼저 우리 마음속에서 이루어져야 한다. 그리고 우리가 살고 있는 이 세상에서 구현되어야 한다. 기아·분쟁·전쟁·착취·억압·질병·생태계파괴 등으로 만신창이가 된 세상의 신음을 들으면서 우리는 기도한다. "나라가 임하게 하옵소서."

이것은 "죄 많은 이 세상은 내 집 아니네. 내 모든 보화는 저 하늘에 있네" 하는 둔세적인 기원이 아니다. 이 불의한 세상을 바로잡아 달라는 능동적인 요구이다. 이것은 약자의 칭얼거림이 아니다. 불의한 세상과 맞서려는 전사戰士의 기원이다. 하나님나라를 위해 기도하는 자는 싸우는 자이다.

그는 하나님나라의 도래를 가로막는 일체의 힘들과 싸운다. 우리 주님은 병든 이들과 귀신들린 자들을 고쳐주고, 가난하고 소외된 자들에게 복음을 전하라고 명하셨다. 그 길은 언제나 위험에 차 있다. 또 패배가 자명한 것으로 보인다. 그러나 "나라가 임하게 하옵소서"라고 기도하는 자에게 궁극적 패배는 없다. 우리가 쓰러진 자리에서 새롭게 길 떠나시는 하나님이 계시기에.

그러나 그 후에

나는 씨알로 가득 찬 열매처럼, 땅 속으로

떨어지게 될 것이다. 비록

내 숨결은 끊어져 내 육체는 썩을지라도,

그 썩은 내 육체는 곧 새로운 육체들을

만들 것이며, 그래서 싸움을 계속하리라.

_니코스 카잔차키스, 《씨알로 가득 찬 열매처럼》

임하는 천국

많은 사람들이 '가는 천국'을 말하면시도 '임하는 천국'은 소홀히 다룬다. '가는 천국'이 없다는 말이 아니다. 우리는 우주적으로 완성된 하나님나라에 대한 꿈을 가지고 산다. 하지만 사람들은 현실의 부정성에 지친 나머지, 그 모든 부정성이 본인 노력과 무관하게 극복된 피안의 나라를 동경한다.

그들은 하나님나라에 자신의 욕망을 투사한다. 바이킹들의 천국은 낮 동안에는 약탈할 배가 있고, 밤에는 질펀한 잔치와 더불어 전투에서 입은 상처가 치유되는 곳이라지 않던가. 많은 사람에게 있어서 천국은 힘겨운 노동이 없고, 역사의 부정성이 없고, 온갖 값진 것들을 누리며 사는 낙원이다. 천국에 가면 세상에 사는 동안 우리가 올려 보낸 자재로 지은 집에 살게 될 것이라고 사뭇 협박조로 말하는 이들도 있다. 천국에도 경제적인 차별이 있다는 것이다. 참 과감한 거짓말이다. 하나님나라는 공적에 대한 보상이 아니라, 은총이 아닌가?

"나라가 임하게 하옵소서"라는 기도는 약속된 하나님의 현실 속에서 살겠다는 다짐이기도 하다. 우리의 현실을 하나님의 뜻에 비추어보며 살겠다는 결의이다. 일상의 삶은 하나님의 뜻과 관계없이 살면서, 하나님나라에 갈 꿈을 꾸는 이들에게 나는 말한다. "하나님나라에 가는 길을 이 땅에서 잘 익혀두지 않으면, 죽어서는 영 그 길을 못 찾는 거 몰라요?"

그러면 그들은 묻는다. "그 길을 어떻게 익혀야 하지요?"

나는 서슴없이 대답한다. "당신의 삶의 자리에서 '천국에 가면 이것은 없을 것 같다' 싶은 것을 제거하며 사세요. 또 천국에 꼭 있었으면 싶은 것을 삶 속에서 구현하세요. 하나님이 뜻이 무엇인지 정말 모르시지는 않지요?"

"나라가 임하게 하옵소서." 이 풍진 세상에서 하나님의 뜻을 실현하기 위해 해산의 수고를 각오한 이들이 바치는 이 기도로부터 새 하늘과 새 땅의 움은 끈기 있게 돋아나 튼튼하게 자라갈 것이다.

뜻이 이루어지이다

/

카인! 너로 인해 우리는 고문의 형틀에서 몸부림친다.

왜?

왜 너는 사랑의 끝에

네 형제의 장미를 갈기갈기 찢었느냐?

_넬리 작스, 〈카인〉

1966년 노벨 문학상을 받은 넬리 작스Nelly Sachs의 시집 《구원된 사람들의 합창》을 읽으면 눈물이 난다. 그 눈물은 두 가지 원천에 맞닿아 있다. 하나는 이 땅에 계속되고 있는 카인의 역사에 대한 새삼스러운 확인이고, 다른 하나는 그 어둠 속에서도 끈질기게 구원을 지향하는 안타까운 발돋움이다. 아우슈비츠 수용소에서 가족을 다 잃고 유랑민의 신산한 삶을 살아야 했던 넬리 작스의 가슴속에 있던 어둠과 빛, 그리고 그 부조화 속에서 피어난 시의 꽃이라니! 작스는 카인을 "카인… 형제 없는… 형제여…" 하고 부른다. 카인이 비록 나와의 형제됨을 부정한다 해도 그는 여전히 나의 형제일 수밖에 없다는 것이다.

가슴에서 울려나온 기도

지평선을 보고 싶다. 하늘과 땅이 맞닿은 곳, 아득한 그리움의 시원 말이다. 눈물겨운 땅의 현실과 텅 비어 고요한 하늘이 만나 빚어내는 황홀한 색조, 그 속으로 들어가고 싶다. 아벨의 피가 땅을 적시기 전, 하나님과 인간이 두런대며 거닐던 동산의 평화를 맛보고 싶다. 그림 속으로 걸어 들어가고 싶다는 어느 시인의 염원처럼. 노아 시대 이후 세상은 조금도 달라지지 않았다. 죄악이 관영하고, 부패와 폭력이 생존의 규범이 되고 있는 땅에서 무지개를 소망하는 것은 사치일까? 하지만 무지개를 보고 싶다. 정치나 과학의 프리즘을 통해 눈부시게 나타나는 무지개 말고, 하나님이 걸어놓으신, 바라보면 가슴이 뛰는 그런 무지개 말이다.

80년대 중반 철책선을 담당하는 부대의 군목으로 일하던 나는 각 소초를 방문하여 예배를 드리곤 했다. 그날도 밤샘 근무에 피곤할 텐데 많은 병사들이 예배에 참석했다. 위로가 필요했던 것일까? 다소 서먹한 분위기는 동행한 군종병이 〈누군가 널 위해 기도하네〉라는 복음성가를 불렀을 때 풀리기 시작했다. 병사들의 눈가에는 이슬이 맺혔다.

나는 준비한 설교를 접어두고 '평화'에 대한 설교를 했다. 예배를 통해 우리는 서로의 마음이 통하고 있음을 느꼈다. 우리는 하나였다. 예배를 마치고 밖으로 나왔을 때 우리는 보았다. 남과 북의 철책선을 잇고 있는 거대한 쌍무지개! 우리는 아무 말도 없이 오랫동안 그 무지개를 바라보았다. 누가 뭐래도 나는 그 무지개가 우리의 염원에 대한 하나님의 응답이었다고 생각한다. 분단의 현장, 싸늘한 시선으로 동족의 가슴에 총부리를 겨냥하고 있는 그곳에서 하나님은 평화의 비전을 주셨던 것이다. 내 가슴에서 울려나온 소리가 있었다. **"뜻이 하늘에서 이루어진 것같이 땅에서도 이루어지이다"**(마 6:10).

겟세마네의 바로 그 기도

"뜻이 이루어지이다" 하는 기도는 하나님의 뜻을 진정으로 원하는 성실한 영혼만이 드릴 수 있다. 가슴속에 내밀한 욕망을 숨긴 채 '뜻대로 하소서' 하는 기도는 진정한 기도가 아니다. '뜻대로 하소서. 하지만 내 마음, 내 사정 아시지요?' '이만하면 내 뜻은 다 알린 셈이니까, 알아서 해주세요.' 그러나 그들은 하나님이 자신들의 기대를 저버린다고 느끼는 순간 태도를 바꾼다. '제가 그토록 원했는데, 그러실 수 있어요? 하나님, 그러시는 게 아닙니다.'

겟세마네 동산에서 예수님은 고난의 쓴 잔을 피할 수 있는 길은 없겠냐고 하나님께 여쭙는다. 그리고 고뇌의 긴 시간이 지난 후 예수님은 마침내 "나의 원대로 마시옵고 아버지의 원대로 하옵소서" 하고 기도했다. 이 기도는 두 눈을 부릅뜨고 시간의 공포를 견딘 영혼, 심연과도 같은 고독을 맛본 영혼, 생과 사의 가파른 벼랑 끝에서 떨어본 영혼이 바치는 절대 긍정의 기도이다. 주님이 가르쳐주신 기도 속에는 이미 겟세마네의 기도가 예기되어 있었던 것이다.

"뜻이 이루어지이다" 하는 기도는 하나님께서 기대하시는 일을 온몸으로 채워갈 각오가 되어 있는 영혼이 드리는 기도이다. 낮아지라시면 낮아지고, 가난해지라시면 가난해지고, 불과 물 속에 들어가라시면 들어가겠다는 실행의 용기가 없는 사람은 이 기도를 드릴 수 없다.

끝끝내 하나님의 뜻 안에

점심 무렵에 찾아온 나이지리아 실직 노동자인 사일라스와 함께 식사를 하다가 물었다. "뜻이 하늘에서 이루어진 것같이 땅에서도 이루어지이다 하는 기도는 오늘의 우리에게 어떤 의미를 갖는 것일까?" 그 친구는 진지한 얼굴로 대답했다. "두 가지로 대답할 수 있겠습니다. 먼저 목사님의 경우는 직업이 없어 고통 받는 내게 직업을 찾아주려고 노력할 때 그 기도는 진실한 것이 됩니다. 또 내 입장에서는 현실이 제 아무리 가혹해도 절망하지 않고 끝끝내 하나님의 뜻 안에 머무는 것이겠지요."

실직자에게 직업을 마련해주고, 병든 이에게 치료의 기회를 주고, 배고픈 사람을 먹이는 것, 외로운 이의 벗이 되어주는 것, 설 땅이 없는 이들에게 설 땅이 되어주는 것, 그것이 이 기도를 드리는 바른 자리라는 것이다. 또한 이 기도는 지금은 이해할 수 없어도 때가 되면 세상에서, 그리고 우리 마음속에서 하나님의 뜻이 아름답게 이루어지리라는 것을 믿는 사람들이 드리는 절대적인 신뢰의 기도라는 것이다.

해방신학은 '가난한 자들의 인식론적 특권'을 말한다. 아픔의 자리에서 바라보아야 세상이 제대로 보인다는 말이다. 하나님의 뜻도 아픔의 자리에서 보아야 제대로 보인다는 사실을 아프리카인 사일라스를 통해 새삼스럽게 배운다. 어둠의 땅을 신성한 땅으로 바꾸기 위해 땀 흘릴 준비가 되어 있는 사람이라야 이 기도를 바르게 드릴 수 있다. 코브린의 랍비 모쉐는 이렇게 말했다. "신성한 땅은 어디인가? 그대의 신발을 벗고서 그 자리에 서보라. 그러면 그대는 자신이 서 있는 그 자리가 신성한 땅임을 알게 될 것이다."

신성한 땅은 어느 특정한 장소가 아니라, 신발을 벗고 선 자리이다. 신발을 벗으라. 내로라하는 자만심의 신발, 은근짜로 남을 무시하는 신발, 편협과 아집의 신발, 편당심의 신발… 벗고, 또 벗으라. 그러면 쓰레기 · 범죄 · 눈물 · 한숨 · 비탄 · 절망이 불협화음을 일으키고 있는 땅, 아벨의 더운 피가 외치고 있는 땅, 더럽다고 등을 돌렸던 그 악취 나는 세상도 하늘과 땅이 내통하는 지구의 중심, 즉 성스러운 땅임을 알게 될 것이다. 타락한 시간이 우리에게 신겨준 인위와 가식의 신발을 벗으면 돌연 세상은 하늘과 땅이 맞닿은 곳, 지평선이 된다. 신발을 벗은 사람은 발에 지평선을 감고 다니는 사람이다(정현종). 지평선을 보려고 멀리 갈 것 없다. 이 땅에 살면서도 하늘을 품고 살면 그는 지평선이 되는 것이다. 해를 삼킨 닭을 그린 김기창 화백의 그림처럼, 하늘을 품은 사람은 스스로 빛이 되어 타오른다.

하늘을 품고 사는 사람은 일상의 사제가 된다. 그는 모든 삶의 계기들을 성례전으로 바꾸기 때문이다. 미다스의 손이 닿는 모든 것이 금으로 변하듯이, 그의 손이 닿는 것은 다 하나님을 드러내는 표징이 된다. 나의 손길이 닿는 것은 무엇으로 변화되고 있나? 두려운 심정으로 살펴본다. 포도가 포도즙으로 바뀌고, 또 그것이 포도주로 바뀌고, 그 포도주가 성례전으로 바뀌듯이 우리의 삶도 점차 변해가야 하지 않겠는가?

"뜻이 하늘에서 이루어진 것같이 땅에서도 이루어지이다" 하고 기도하는 사람에게 주님은 너희가 "지금 잡은 생선을 좀 가져오라"(요 21:10) 하신다. 숯불 위에는 이미 떡과 생선이 마련되어 있다. 하지만 주님은 너의 수고를 보태라고 하신다. 박노해의 시는 이 기도의 핵심을 가로지른다.

우리 시대에
가장 암울한 말이 있다면

"남 하는 대로"
"나 하나쯤이야"
"세상이 그런데"

우리 시대에

남은 희망의 말이 있다면

"나 하나만이라도"

"내가 있음으로"

"내가 먼저"

_박노해, 〈꽃피는 말〉

일용할 양식을 주소서

1980년대 초반 내가 속해 있던 교회는 연소근로자를 돌보는 일을 선교의 초점으로 삼고 있었다. 그래서인지 한국을 방문하는 외국 교회의 지도자들의 방문이 잦은 편이었다. 한번은 일본인 목사 몇 분이 와서 우리 교우들과 함께 예배를 드리게 되었다. 예배 중에 나는 오늘 한국의 형제자매들에게 주고 싶은 메시지는 없는가 물으며, 그들을 마이크 앞으로 초대했다. 잠시 주저하던 깡마른 체격의 목사 한 분이 천천히 일어나 강대상 앞으로 나왔다. 그리고 젊은 대학생과 노동자들이 대부분인 회중을 향해 조금은 수줍은 표정으로 물었다.

"여러분은 주님이 가르쳐주신 기도를 드릴 때, 어떤 대목에서 가장 절실해집니까?"

민주화 운동의 열기가 고조되어가던 즈음이었기에 사람들의 대답은 한결같았다.

"나라가 임하소서."

"뜻이 하늘에서 이루어진 것같이 땅에서도 이루어지이다."

회중 가운데 숙연한 분위기가 번져가고 있음을 나는 몸으로 느낄 수 있었다. 역사의 부정성을 극복하기 위해 온갖 위험 속에서도 하나님의 의를 위해 일하다가 고난 받고 있는 교우들이 떠올랐기 때문이었다. 그들의 부재가 너무도 무겁게 느껴졌다. 그 일본인 목사는 가만히 회중을 바라보다가 뜻밖의 말을 했다.

"제게는 '일용할 양식을 주옵소서' 하는 기도가 가장 절실합니다. 물론 여러분은 의아하게 생각하실 것입니다. '아니, 풍요로운 일본 사회에서 사역하고 있는 분이 웬 일용할 양식 이야기인가?' 하고 말입니다. 빛이 밝아질수록 그림자가 더욱 짙어지듯, 풍요 사회라는 일본의 허장성세 이면에는 주린 배를 움켜쥐고 잠을 청하는 이들이 매우 많습니다. 저는 그분들을 돌보는 사역에 소명을 느꼈습니다. 그래서 저는 빈민가 한구석에 천막을 치고 자원봉사자들의 도움을 받아 날마다 수백 명을 위해 죽을 끓이고 있습니다. 하나님의 은혜가 아니면 저는 이 일을 감당할 수 없을 것입니다. 양식이 뚝 떨어지면 당장 내일 일이 걱정됩니다. 그러면 기도할 수밖에 없습니다. '우리에게 일용할 양식을 주십시오.' 우리의 기도는 그저 드리는 의례적인 기도가 아니라, 생존을 위한 기도입니다. 그리고 하나님은 우리의 기도를 거절하신 적이 한 번도 없습니다."

그의 설교를 또렷이 기억한다. 그때까지 나는 "일용할 양식을 주옵소서" 하는 기도를 진심으로 드려본 적이 없었다. 하지만 지금까지도 일용할 양식이 곧 은총임을 몸으로 알지 못하니 딱한 노릇이다. 굶주리고 있는 이웃의 소식을 늘 보고 들으면서도, 때마다 잘 먹고, 잘 자고, 잘 살고 있다. 여기저기서 좋은 음식을 대접받고, 배가 불러 탈이 날 지경이다. 굶주린 노동자들의 고통에 동참하기 위해 음식 섭취를 거절하다가 아사해버린 시몬 베유Simone Weil를 존경하면서도 여전히 과식으로 속이 거북하다. 시장거리를 헤매며 진흙 속에 박힌 국수 한 오라기라도 집어 입으로 가져가는 북한의 꽃제비 아이들을 보고 눈시울을 붉히면서도 간식으로 과일을 먹는다. 그러면서도, 아니 그렇기에 영혼은 목마름에 허덕인다. 탐천貪泉의 샘물을 마신 벌인가 보다.

일용할 배고픔을 주소서

만나로 주린 배를 채우던 이스라엘의 광야생활을 생각해 본다. 새벽녘 들판에 이슬처럼 내린 은총의 선물을 바라보며 그들은 무슨 생각을 했을까? 감사! 은총으로 준비된 만나를 먹는 그들의 식사는 성례전 바로 그것이었을 것이다. 투박하기 그지없는 모습의 가족이 하루의 힘겨운 일과를 마치고 은은한 램프 불빛 아래 둘러앉아 감자를 먹는 고흐의 그림처럼, 그들의 식사는 아름다웠을 것이다. 사랑과 결속의 분위기 없이 재빨리 먹어치우고 바삐 일어서는 오늘의 식사와 비교할 수도 없었을 것이다. 하지만 감사의 심정조차 세월의 풍화작용 앞에 무기력한가 보다. 날마다의 감사가 하나님의 은총과 새롭게 만나는 축제가 아니라 습관이 되어갈 즈음, 그들은 재빨리 감사의 자리에 경제논리를 대입했다. '오늘 많이 모아두면 내일은 수고하지 않아도 될 텐데.' 그래서 약삭빠른 사람들은 남의 몫까지 거둬들였다. 결과는 아는 대로이다. 욕심껏 거둬들인 잉여의 만나는 하늘 양식이 아니라 쓰레기였던 것이다.

그뿐인가? 만나에 식상한 그들은 고기 생각이 간절했다. 입맛을 돋우는 양념 생각에 군침이 돌았다. 그때부터 만나는 은총의 선물이 아니라 죽지 못해 먹는 음식이 되었다. 이 만나 이야기는 과거의 신화적인 표상이 아니다. 오늘의 현실이기도 하다.

예수 그리스도는 가난한 자들의 모습으로 우리 가운데 오신다고 고백하면서도, 여전히 값비싼 음식을 대접해야 체면이 선다고 생각하고, 호텔에서 대접받아야 대접받은 것으로 여기는 우리, 굶주려 죽어가는 북한 동포들이 불쌍하다고 눈물지으면서도 먹다 남긴 음식 쓰레기가 넘치는 교회의 주방이라니, 모순이다. 아이러니다. 엉터리다. 오늘 우리에게 필요한 기도는 "일용할 양식을 주옵소서"가 아니라, "일용할 배고픔을 주소서"이다. 과식으로 항상 속이 더부룩하고, 꼭 필요해서가 아니라 습관으로 음식을 삼키는 이 왜곡된 식사를 청산하지 않는 한 우리는 거룩의 길에 들어설 수가 없다.

'끼니'란 '끊고 잇는 것'이란다. 영어로 아침식사를 의미하는 'breakfast'는 단식fast을 깬다break는 뜻이 함축되어 있다. 끊었다가 잇는 식사라야 감사가 있고 기쁨이 있다. 밥도 제대로 먹을 줄 모른다면 어찌 사람다운 사람이라 할 수 있겠는가?

거룩한 것으로 채우실 주님
밥을 제대로 먹기 위해서 필요한 것들은 무엇인가? 배고

품, 한 톨의 양식에 대한 진정한 감사, 배고픈 이웃들을 맞아들이기 위한 개방성, 음식을 섭취함으로 더 나은 존재가 되고 싶은 내적 열망…. '일용할 양식'에 대한 청원이 지향하는 바는 '우리'이다. 그렇기에 내 밥그릇을 고봉으로 채우기 위해 남의 밥그릇을 빼앗는 사람은 이 기도를 드릴 수 없다.

우리가 이 기도를 바르게 드리려면 내 창고를 헐어 이웃을 대접하려는 각오가 있어야 한다. 굶주린 이들을 돌보아달라고 기도할 때 하나님은 그 기도에 응답으로 우리를 가리키시기 때문이다. 굶주린 나사로를 문밖에 버려둔 채 먹는 부자의 기름진 식사는 음식이 아니라 독이다. 영혼을 마비시키는 독 말이다. 부자에게 나사로는 외면해버리고 싶은 불쾌한 풍경일 뿐, 돌보아주어야 할 이웃은 아니었던 것이다. 겨울이면 언제 찾아올지 모르는 손님이나, 거지들을 위해 아랫목에 밥 한 그릇을 묻어두곤 하셨던 어머니의 휴머니즘이 하늘에 대한 외경에서 비롯된 것임을 나는 뒤늦게 깨달았다.

시인 김지하가 말하듯이 밥은 나눔을 통해 하늘이 된다. "밥이 입으로 들어갈 때에 하늘을 몸속에 모시는 것"이다. 밥을 나눌 때 우리는 하늘에서 내려온 살아 있는 빵을 먹게 된다(요 6:51). 오늘 우리가 먹는 밥은 우리 속에서 하늘이 되는가, 독이 되는가? 이 폭식의 시대에 우리는 기도한다. "오, 주님, 일용할 양식을 주소서. 진심으로 탄원하는 이들의 기도를 듣는 귀를 허락하소서. 그리고 우리에게 일용할 하늘을 주소서."

디베랴 바닷가에서 주님은 오늘도 숯불을 피워놓고 생선과 빵을 구워놓고 피곤과 시장기에 지친 제자들을, 못난 제자들을 기다리신다. 그리고 말씀하신다. "너희가 지금 잡은 생선을 조금 가져오너라"(요 21:10, 새번역).

부활하신 주님은 오늘도 우리를 위해 일용할 양식을 공급해주신다. 그리고 넉넉한 나눔의 식탁을 위해 '내 것'이라 생각하는 것을 조금 가져오라고 하신다. 교회는 부자지만 주님의 쌀독은 늘 비어 있으리라. 자꾸만 덜어내 밥을 짓고 계시니 말이다. 나눔을 실천하기 위해 교회의 쌀독이 비는 날, 주님은 더욱 소중한 것으로 채워주실 것이다. 황춘련 님의 시 〈밥에 하늘이 있네〉는 일용할 양식을 구하는 우리 기도가 서 있는 자리를 새삼 확인해보게 한다.

밥에 밥을 더하면 탈
밥에 밥을 곱하면 죄
밥에서 사랑을 빼면 죽음

밥에 사랑을 더하면 참 생명

밥에 사랑을 곱하고

밥으로 사랑을 나누면 천국이 열리지요.

밥에서 밥을 떼어내 빼보세요.

나눔의 천국이 시작됩니다.

일곱

우리의 죄를 사하여 주소서

/

성년이 되어 처음으로 교회에 출석하게 된 내게 가장 견디기 어려웠던 것은 교회 방언(?)이었다. 또 청년들이 서로를 부를 때 쓰는 '형제, 자매'라는 호칭, 어떤 문제의 본질을 슬쩍 덮어버릴 때 쓰는 '은혜롭게'라는 말, 다른 가능성을 차단해버릴 때 사용하는 '오직'이라는 부사의 남용 등이 그랬다. 하지만 무엇보다도 견딜 수 없었던 것은 기도하는 이들이 한결같이 사용하던 "벌레만도 못한 아무개, 죽을 수밖에 없는 죄인…"이라는 상투어였다. 그런 어구를 들을 때마다 막연한 저항감을 넘어 몸속으로 스멀스멀 번져가는 불쾌감을 억제할 길이 없었다. 그때까지 나는 스스로를 죄인이라고 생각해본 적이 없었다. 오히려 남에게 해를 끼친 일 없고,

정직하고 성실하게 살려고 노력했다는 자부심이 고단한 내 문밖의 삶을 견디게 해준 버팀목이었다. 교회는 그런 버팀목 한켠을 자꾸만 흔들고 있었던 것이다. 더구나 "죽을 수밖에 없는 죄인"이라는 발화發話의 배후에 당연히 있어야 할 진정을 느낄 수 없었고, 그런 고백을 하는 이들이 죄의 인력을 끊고 새 삶으로 나아가기 위한 몸부림도 미진하기 그지 없었기에 나는 피학被虐의 혐의를 씌워 그들을 경멸했다.

또 다시 문밖으로 밀려나가 떠돌게 될 것 같은 예감에 불안해할 즈음, 나는 구원처럼 정직한 한 영혼과 만났다. 그도 나처럼 죄인이라는 단어에 저항감을 느끼고 있었던가? 그는 "주홍빛 같은 내 죄…", "나 같은 죄인 살리신…" 등 죄에 대한 고백과 사죄의 은총을 구하는 찬송을 부를 때는 입을 꾹 다물고 있었다. 인간의 자기 비하로 분식된 기도 끝에는 '아멘'으로 화답하지도 않았다. 내게는 그의 대책 없는 정직이 아름다워 보였다.

그러던 어느 해 겨울, 파주에 있는 어느 기도원에서 그의 저항은 끝났다. 많은 회원들이 숙소로 돌아간 후에도 그는 차가운 마룻바닥에 단정하게 꿇어앉아 있었다. 어느 순간부터 그의 기도소리가 점점 높아지고 있었다. 기억의 골방 깊은 곳에 20여 년 동안 내장되어 있던 기억의 그림자들이 홍

수에 떠밀려온 허섭스레기처럼 마룻바닥에 마구 쏟아져 나왔다. 잊고 싶었고, 애써 외면해왔던 '그림자'였다. 그는 대책 없이 울었다. 아무도 의식하지 않았다. 그의 기억의 골방에 홍수처럼 다가가 그 모든 그림자들을 몰아낸 것은 '아무도 정죄하지 않는 하나님의 시선'이었다. 그는 새벽까지 찬송가 197장 2절을 반복해 불렀다. "주님의 권능은 한없이 크오니 돌 같은 내 마음 곧 녹여주소서." 그러나 나는 알았다. 그의 마음속에 맺혀 있던 돌이 이미 녹이버렸음을.

그는 한사코 외면했던 하나님의 눈길에 사로잡혔고, 정죄하지 않는 그 눈길 앞에서 자신의 죄를 시인했고, "기억하지 않는다"는 용서의 확증을 얻었다. 사죄의 경험은 그에게 들추고 싶지 않았던 과거와의 '악수'로, 고통스럽기 그지없는 현재를 '받아들임'으로, 불확정적인 미래를 기쁘게 '기다림'으로 나타났다. 변화산에서의 그 밤 이후 그는 아름다운 존재로 살아가고 있다. 한 번 길을 정한 후에 그는 흔들림 없이, 고집스럽게 '그 길'을 걷고 있다. "오 주여, 우리의 죄를 용서하여 주시옵소서."

용서받은 자는 용서할 수 있다

사람의 삶은 다양한 관계가 빚어내는 무늬이다. 애愛와 증

憎, 미美와 추醜, 호好와 오惡가 교직하며 이루어낸 그 무늬
는 밝음으로 나타날 수도 있고, 어둠으로 드러날 수도 있다.
그런데 우리 삶의 어두운 맹점은 아담의 사과처럼 삼킬 수
도, 뱉을 수도 없는 상처의 기억이다. 잊으려고 노력할수록
생생해지는 삶의 상처 말이다.

　예수님은 죄 지은 형제를 몇 번이나 용서해주어야 하냐는
베드로의 질문에 "일곱 번뿐 아니라, 일곱 번을 일흔 번까지
라도"(마 18:22) 해야 한다고 하셨다. 심지어는 "너희 원수를
사랑하라"(마 5:44)고까지 하셨다. 그러나 우리는 용서할 수
없다고 느낄 때가 많다. 개인적인 모독과 위해, 인류에 가해
진 엄청난 폭력 앞에서 우리 영혼은 "용서할 수 없다"고 외
친다. 힘겹지만 참을 수는 있고, 외면할 수도 있다. 하지만
용서는 쉽지 않다. 그런데도 예수님은 "우리가 우리에게 죄
지은 자를 사하여 준 것같이 우리 죄를 사하여 주시옵고"(마
6:12) 하는 기도를 바치라고 하신다. 물론 형제의, 혹은 악인
들의 죄를 용서하는 것이, 사죄의 전제 조건은 아니다. 만약
그렇게 생각한다면 용서는 자의적인 방편으로 전락하고 만
다. "용서할 수 없다"고 외치는 영혼의 아우성을 향해 예수
님은 낮은 목소리로 "용서하라"고 말씀하신다. 왜? 용서해야
내가 살 수 있기 때문이다.

용서할 수 없는 마음은 스스로를 불구덩이와 가시밭 속에 밀어 넣는다. 용서받아야 할 자가 무지함 때문에, 혹은 뻔뻔함으로 평안할 때도, 용서를 거부한 영혼은 내연內燃을 거듭하면서 스스로를 소모한다. 그렇기에 용서는 우선은 '나'를 위한 것이다.

예수님은 "무엇이든지 너희가 땅에서 매면 하늘에서도 매일 것이요 무엇이든지 땅에서 풀면 하늘에서도 풀리리라"(마 18:18) 하셨나. 땅에서 맺힌 것을 풀어야 할 곳은 땅이다. 땅에서 맺힌 것을 풀어내는 수공업적인 과정이 요구하는 인내를 견디지 못해, 문제를 곧바로 하나님께로 가져가는 이들이 있다. 그러나 주님은 땅에서 일어난 일은 땅에서 풀라 하신다. 땅에서 매인 것은 하늘에서도 매인다.

사람을 경멸하면
가슴에 금세 시큼한 꽃이 피고
하룻밤 자도 그것이 안 시들 때
해님이 녹색으로 보인다.
_사이토 마리코, 〈新村 부근〉

이런 변화의 흐름을 생물학적으로 설명할 수 없지만, 시인은 분명히 진실을 말하고 있다. 땅에서 매이면 하늘에서도 매인다는 것을 너무나 잘 설명해주고 있지 않은가? 어쩌면 하나님의 용서는 사람들을 통해 다가오는 것인지도 모른다.

용서하기 위해서는 미워하고, 정죄하는 마음과 거리를 두는 것이 필요하다. 거리의 회복은 나의 입장, 견해, 지식이 절대적일 수 없음을 시인하는 것이다. 여기서 이해가 비롯되고, 역지사지易地思之의 지혜가 생긴다. 이청준의 소설《인간인》에 등장하는 작중인물이 차 마심의 의미를 '용서'에서 찾는 것은 바로 거리의 회복이 용서의 관건임을 보여준다. 우물에서 물을 길어오고, 불을 피워 물을 끓이고, 다기에 부어 찻물이 우러나오기를 기다렸다가, 음미하듯이 마시는 그 차 마심의 과정이야말로 달아오른 마음에 여백을 창조하는 행위이며, 그것은 곧 용서의 마음인 것이다.

얽힌 실타래를 단칼에 베어버리는 용서의 검법은 없다. 얽힌 것을 풀어내기 위해서는 오히려 우리 속에 있는 날카로운 것들을 거두어야 한다. 노자老子는 자기 비움이 무엇인지를 설명하면서 "좌기예挫其銳 하여 해기분解其紛 하라"했다. '날카로움을 무디게 하고 얽힘을 풀라'는 뜻이다. 남을 찌르고, 나누고, 판단하는 날카로운 것을 거두면 상대방의 날카로움도 무뎌지게 마련이다. 간디의 사티아그라하 *Satyagraha*

와 아힘사*Ahimsa*는 바로 이런 믿음의 터 위에 서 있는 것이다. 미움을 사랑으로 응대할 때라야 얽힌 것들을 풀어내는 길이 열린다. 우리 속에 마음의 여백을 창조하고, 마음의 빗장을 열고 상대방을 바라볼 때 용서는 이미 시작된 것이며, 얽힌 것들을 풀어내는 인내의 수작업을 통해 정의와 화해 등 용서의 내용이 갖춰진다. 얽힌 것이 풀어질 때 존재는 새 날을 향해 길 떠날 수 있다. 하늘을 향해 날아오를 수 있다.

용서함 받은 자는 용서할 수 있다. 죄 사함에 대한 확증을 얻은 후에도 여전히 죄의 진창 속에 머물러 있는 우리이기에 우리는 간절함으로 이렇게 기도할 수밖에 없다. "우리가 우리에게 죄지은 자를 사하여 준 것같이 우리의 죄를 사하소서."

시험에 들게 하지 마시고,
악에서 구하소서

/

니코스 카잔차키스는 《최후의 유혹》에서 예수가 십자가에서 경험한 가장 강렬한 마지막 유혹은 평범한 삶에의 갈망이었다고 말한다. 사탄은 십자가의 고통 속에 있는 예수를 유혹한다. 그가 겪는 고통이 대체 무슨 의미가 있냐고 속삭인다. 그리고 다른 길을 가리켜 보인다. 십자가로부터 도망쳐서 어느 한적하고 평화로운 시골 마을에 감쪽같이 숨어서 마리아를 아내로 삼아 아이를 낳고, 그들과 함께 포도나무와 올리브나무를 심고, 밭을 갈며, 조용하고 행복한 시간을 보낼 수 있을 텐데…. 황혼이 찾아오는 저녁이면 화덕 앞에 앉아 명상에 잠기고, 아이들이 뛰노는 모습을 지켜보며 그렇게 늙어갈 수 있을 텐데….

가야 할 길을 보여주는 유혹

사람의 욕망은 이중적이다. 비범에의 욕망과 평범에의 욕망이 그것이다. 예수가 광야에서 사탄에게 받은 유혹은 비범에의 욕망과 관련된 것이었다. 작가적 상상력이기는 하지만 십자가에서 예수가 받은 유혹은 평범에의 욕망이었다.

우리는 이 두 욕망 사이로 난 좁은 길을 가리켜 인생이라고 한다. 나를 돋보이게 하려는 '남다름'에 대한 욕망은 우리를 삼키는 허구렁이 되고, 생의 위기 속에서 우리를 사로잡는 평범한 삶에의 갈망은 던적스러운 삶으로 통하는 문이 되기도 한다. 남과 같지 않으면 불안해하면서도, 남과 다르게 자기를 구별하고 싶은 이중적 욕망 속에서 삶은 숨 가쁘다. 연령에 따라 욕망의 스펙트럼이 빚어내는 무늬만 다를 뿐, 사회 거의 모든 계층 속에 내면화된 욕망의 얼개는 비슷하다.

적당한 욕망은 삶의 활력이지만 과도한 욕망은 늘 축축하고 어둡다. 유혹은 음습한 욕망의 늪에서 우리를 기다린다. 유혹은 항상 달콤하다. 하와가 눈을 들어 선악을 알게 하는 나무를 보았을 때, 하와의 가슴속에 일렁이기 시작한 욕망은 사위스럽기는커녕 휘황하기 이를 데 없었다.

"여자가 그 나무를 본즉 먹음직도 하고 보암직도 하고 지혜롭게 할 만큼 탐스럽기도 한 나무인지라"(창 3:6).

나는 '-ㅁ직하다'는 접미사가 이렇게 강력한 끌림으로 사용된 예를 알지 못한다. 여기서 '-ㅁ직하다'는 접미사는 거역하기 어려운 유혹의 본질을 꿰뚫고 있다. 성경을 읽으면서 불경스럽게도 "나라도 어쩔 수 없겠다" 탄식하곤 한다. 사탄이 무서운 얼굴을 하고, 나의 생각, 감정, 의지를 무지르고 들어와 나를 강박한다면, 힘닿는 데까지 버틸 것이다. 하지만 사탄의 유혹은 은밀하고 강력하다. 그래서 우리는 미끼 주위를 맴도는 물고기처럼, 함정 위에 놓인 고깃덩어리에 마음 끌리는 짐승들처럼, 사탄의 유혹에 속절없이 넘어가곤 한다. 콧소리를 내며 낭창거리는 들릴라에게 자신의 비밀을 다 털어놓는 삼손처럼 말이다. 그렇기에 우리는 기도한다.

"우리를 시험에 들게 하지 마시옵고 다만 악에서 구하시옵소서"(마 6:13).

물론 눈 밝은 사람들은 하나님의 교육수단으로서의 시험이 있음을 안다. 이스라엘은 가나안에 이르기 위해 광야라는 풀무학교(?)를 통과해야 했다. 신앙은 약속된 삶이지 완결된 삶이 아니기에, 약속의 새 땅에 당도하기까지 물과 불을 통과하지 않을 수 없다. 물과 불은 우리의 앞길을 가로막는 장애물이지만, 보기에 따라서는 디딤돌이 될 수도 있다.

군대 훈련 중에 야간정숙보행이라는 것이 있다. 야간에 온갖 장애물들을 통과하여 적진 깊숙이 침투하는 훈련이다. 우리는 얼굴에 숯검정을 바른 채, 소총의 멜빵은 풀어 개머리판에 감고, 한 발씩 조심스럽게 들어 올려 허공에서 휘휘 돌려 장애물이 없는지 확인한 후에 살며시 발을 내려놓는다. 아무리 생각해도 멋쩍은 그 동작 때문에 우리는 숨죽여 웃었다. 그러다가 질흑같이 이두운 밤하늘에 조명탄 불빛이 환하게 밝혀지면, 재빨리 금속으로 되어 있는 총신을 손으로 감싸 잡아 불빛에 반사되지 못하도록 하고는, 땅에 나부죽이 엎드려 불빛이 스러지기를 기다려야 했다. 땅바닥에 엎드려 있는 동안은 참 평안했다. 실전이 아니라, 훈련이었으니까.

엎드려 있는 동안 나는 불빛이 스러질 무렵 살며시 고개를 들어 진행방향을 확인해두라는 교관의 말을 떠올리면서, 그것을 인생의 은유로 받아들였다. 삶의 길을 가로막는 장벽들이 경우에 따라서는 가야할 길을 더욱 선명하게 드러내는 계기로 작용할 수도 있는 인생의 아이러니를 배웠다.

시련 앞에 올려드릴 기도

신앙은 시험을 자기 정화의 계기로, 절망을 희망으로, 어둠을 빛으로, 원망을 감사로 바꾸는 연금술이다. 사람들이 버린 돌을 건물의 모퉁이 돌로 삼으시는 하나님의 놀라운 축조능력을 믿는다면 인생에 버릴 것은 없다. 하나님께로 나아가는 길에서 숫돌이 되어 우리를 벼리는 온갖 시련과 시험을 만날 때마다 우리가 드려야 할 기도는 "시험에 걸려 넘어지지 않게 하소서"이다. 그러나 우리 정신에 은밀하고도 지속적으로 작용하여 하나님께 등을 돌리도록 하는 사탄의 유혹이 우리를 붙잡을 때야말로 우리가 드려야 할 기도는 "시험에 들지(빠지지) 말게 하소서"이다.

사탄은 모든 관계 속에 파고들어 틈을 만들고, 그 틈에 먼지처럼 은밀하게 쌓여가다가는, 때가 되면 우리를 확고하게 사로잡아 버린다. 그러면 사탄의 숙주가 된 이들은 '자아'의 폐쇄회로에 갇혀 살아간다. 그들은 다른 이들의 고통에 무감각하고, 다른 이들과 연대하는 능력을 잃어버린다. 상생相生의 삶은 간데없고, 상쟁相爭의 파편만 난분분하게 퍼뜨리며 산다. 혹시라도 "내가 아니면 안 된다", "내가 이걸 세우느라고 얼마나 수고했는데, 연고도 없는 사람에게 고스란히 물려줘!" 하는 이들이 있다면, 혹시라도 사탄에 의해 조정되는 '나'의 폐쇄회로 속에 갇힌 것은 아닌지 스스로를 의심해 볼 일이다.

뿐만 아니다. '우리'라는 폐쇄회로에 갇힌 이들은 또 얼마나 많은가. "우리가 남이가?" 할 때의 그 '우리' 말이다. 혈연, 지연, 학연, 서클연이 있는 이들끼리의 동종교배로 세상은 점점 요지경이 되어 간다. 자유자재로 변신하는 로봇이나 몸을 한 바퀴 돌기만 하면 낯선 존재로 탈바꿈하는 만화영화의 캐릭터들이 도처에 활보한다. 주님을 위해서라면 '아골 골짝 빈들에도 복음 들고 가오리다' 했던 초발심은 내팽개치고, '까짓것, 이래도 한 세상, 저래도 한 세상. 사는 게 뭐 별 거드냐. 만수산 드렁칡처럼 얽혀서 사는 거지' 하면서, 몸을 한 바퀴 돌려 변신해버린 이들도 있다. 사탄은 참 좋겠다. 자기 사람을 얻었으니 그럴 만하지 않은가? 형편이 이러하니 더욱 정신을 가다듬어 기도한다. "우리를 시험에 들게 하지 마시옵고 다만 악에서 구하시옵소서."

힘 잃은 이들을 위한 기도

세상에 흠 없는 사람이 어디 있으랴. 뒤엉킨 구석이 아주 없는 이가 어디 있으랴. 하지만 우리의 자유를 넘보려고, 먼지처럼 접근해오는 사탄을 향해 "물러가라"고 외치지 않으면, 우리는 대번에 포로가 되고 만다. 김교신 선생의 딸 진술의 결혼식에 누군가가 보내왔다는 축혼의 글이 떠오른다.

새로운 집일사록 더럼 더욱 타옵니다.
날마다 쓸고 닦아 티끌 없이 하옵시면
임께서 깃거 오시와 함께 계시오리다.

사탄이 먼지처럼 우리 속에 깃들인다면 날마다 쓸고 닦아야 한다. 밤이면 밤마다 파란 녹이 낀 구리 거울을 손바닥으로 발바닥으로 닦아보자고 스스로에게 다짐하던 윤동주처럼. 그러나 쓸고 닦아도 닦이지 않는 한계가 있다. 바울을 절망스럽게 했던, 그래서 "오호라, 나는 곤고한 사람이로다. 이 사망의 몸에서 누가 나를 건져내랴"(롬 7:24) 탄식하게 만들었던 그 한계 말이다. 그 한계를 정직하게 바라보는 자는 기도한다. "우리를 시험에 들게 하지 마옵시고 다만 악에서 구하시옵소서."

새벽빛이 희부윰하게 밝아오면 밤새 우리를 붙잡고 놓아주지 않던 허깨비들이 물러간다. 우리가 사탄을 이길 힘은 빛이신 하나님께로부터 온다. 욕망에 가위눌려 누렇게 바래버린 일상에 기쁨의 빛과 생명의 온기를 되찾아줄 힘은 위로부터 온다. 은밀하고, 음습하고, 끈덕지게 다가오는 사탄의 유혹은 은총의 햇살 아래 서 있는 이들에겐 힘을 잃는다. 하여 다시 우리는 새기듯 기도한다. "우리를 시험에 들게 하지 마시고, 다만 악에서 구하십시오."

나라와 권세와
영광이 아버지께 영원히

/

발칸반도의 한켠, 유고의 코소보 언덕 위에 십자가가 하나
세워졌다. 마르크스 이후 또 하나의 망령이 유럽을 배회하
고 있다. 애굽 온 땅에 흑암이 덮이듯 발칸반도 소국들 위로
망령의 그림자가 짙게 드리운다. 땅 위에서 그 망령은 다양
한 형태로 변신한다. 나토의 단결, 미국의 도덕적 감성, 인종
청소, 이슬람과 기독교의 갈등… 오랜 세월 동안 생업을 일
궈왔던 사람들은 생업의 터전에서 쫓겨나고, 미국과 나토는
유고 땅에 각종 공습무기를 쏟아 붓는다. 횃불 같이 타는 큰
별이 하늘에서 떨어진다(계 8:10).

피난길에 지쳐 퀭한 눈의 어린아이는 배고파 울고, 고향
땅을 등질 수밖에 없는 농부는 기가 막혀 운다. 안전지대에

있는 무기 상인들은 모처럼 맞은 호기에 쾌재를 부르고, 천정부지로 솟아오르는 다우지수를 보며 미국인들은 만세를 부른다. 그 모순의 땅, 골고다, 코소보라는 해골의 왕국에 세워진 십자가에 지금 방울방울 흘러내리는 핏방울은 무엇을 위한 것인가? 공존과 공생이라는 자연스런 생명의 흐름이 가로막히고, 힘 있는 자들의 강압과 조종과 지배가 정의로 인식되고 있는 모순의 세상에서 우리는 마음을 모아 고백하지 않을 수 없다. **"나라와 권세와 영광이 아버지께 영원히 있사옵나이다"**(마 6:13).

이것은 고백인 동시에 기원이며, 기원인 동시에 다짐이다. 현실적인 삶의 문제 해결이든, 종말론적인 소망의 성취든 그것은 전적으로 하나님께 달려 있다는 점에서 고백이지만, 기도자의 고백은 그런 세상이 속히 이루어지기를 바라는 원망사고에서 나온 것이기에 기원이다. 또 이런 고백을 하는 사람은 뒷짐을 지고 하나님이 하시는 일을 기다리기만 하는 사람이 아니다. 구름기둥과 불기둥이 움직이면 백성들이 따라 움직였듯이, 성도는 나라와 권세와 영광을 되찾기 위한 하나님의 싸움에 동참하는 사람들이다. 그런 의미에서 이 고백은 전사들의 다짐이기도 하다.

"주여, 당신은 누구십니까? 당신은 하늘을 향해 두 손을 뻗치고, 두 발이 진흙 속에 빠져 있는 반인반수인 센토르처럼 내 앞에 뿌옇게 나타납니다."

"나는 영원히 상승하는 그다."

"왜 당신은 상승하십니까? 당신은 모든 근육을 긴장시키며, 짐승으로부터 벗어나기 위해 몸부림치며 싸우십니다. 짐승들로부터, 인간으로부터, 나를 내버려두지 마십시오!"

"나는 익사하지 않으려고 싸우며 상승한다. 나는 두 손을 뻗쳐서 모든 따뜻한 육신을 부여잡고, 숨 쉴 수 있도록 머리를 쳐든다. 나는 곳곳에서 허우적거린다."

_니코스 카잔차키스, 〈어두운 심연에서〉

카잔차키스에게 있어서 하나님의 본질은 투쟁이다. 하나님으로부터 벗어나 짐승과 마魔의 세계로 하강하려는 세상을 하나님의 나라라는 상승의 흐름 속으로 끌어들이려는 거대한 투쟁이 곧 역사이다. 그러나 이 싸움은 이겨놓고 하는 싸움이다. "나라와 권세와 영광이 아버지께 영원히 있기" 때문이다. 부활은 십자가를 지신 분에 대한 하나님의 긍정이듯이, 하나님의 나라는 역사의 부정성을 온몸으로 극복하려는 이들에 대한 하나님의 긍정이다. 우리 삶이 하나님께 속해 있기만 하면 우리는 이긴다. 질 수 없다. 우리가 지는 것처럼 보여도 하나님은 우리의 패배를 통해 이기신다. 진정한 성도는 철저한 낙관론자이다.

우리의 실상을 비추는 거울

언젠가 읽은 글이 두고두고 잊히지 않는다. 두물머리에서 농사를 짓는 정상묵씨는 사람들의 만류와 비웃음을 사면서 유기농법을 실천했다. 지금이야 많이 보급되었지만 유기농법이 망하는 지름길로 인식되던 때였다. 사람들이 "그러다가 망하면 어쩌려구 그래요?" 하고 물었을 때 그의 대답은 이랬다. "유기농법으로 농사짓는 것이 하나님의 뜻이 분명하다면 하나님이 나를 망하게 하시겠어요? 망하면 하나님 망신이지요."

이것이 이겨놓고 싸우는 자의 여유이다. 그는 유기농법으로 자기의 신앙을 지켰고, 하나님의 싸움에 동참했다. 그리고 마침내 이겼다. 고생은 많았지만. 이겨놓고 하는 싸움도 싸움은 싸움이다. 싸움을 회피하는 이는 결코 이길 수 없다. 이 땅에서 하나님의 상승운동에 동참하는 자들은 늘 고백한다. "나라와 권세와 영광이 아버지께 영원히 있사옵나이다."

이 고백은 하나님을 믿는 이들이 언제라도 돌이켜야 할 삶의 원점이며, 우리의 실상을 비추어주는 거울이다. 원점은 우리 삶의 태자리이기도 하지만, 마침내 당도해야 할 목표이기도 하다. 원점을 지향하며 사는 사람은 나그네이다. 그들은 언제나 한 곳에 오래 머물지 않는다. 흐름 속에 있다. 베드로는 그의 서신에서 기독교인을 가리켜 이곳저곳에 "흩어져서 사는 나그네들"(벧전 1:1, 새번역)이라 했다. 조금씩 흔들리며 북극을 가리키는 나침반처럼 기독교인은 삶으로 하나님을 가리키는 나그네들이다.

나그네는 자기가 잠시 머물고 있는 곳의 실상을 가장 잘 보아내는 사람이다. 그곳의 내적인 논리나 인과관계에 매이지 않은 시선으로 보기 때문이다. 그들이 판별의 기준으로 삼는 것은 나라와 권세와 영광이 누구에게 귀속되어 있는가이다. 천사의 말을 한다 해도 하나님의 것을 찬탈하는 종교, 정치, 경제는 부정되어야 할 우상이다.

세상의 나라와 권세는 힘과 권력의지의 터전 위에 서 있다. 하지만 하나님의 나라와 권세는 지배와 조정을 통한 자유의 제한이 아니라, 섬김과 사랑과 나눔을 통한 자유의 확대를 지향한다. 그 자유는 하나님이 스스로 인간이 되는 겸비의 자유이며(빌 2:5-8), 주요 스승이면서도 제자들의 발을 닦아주는 섬김의 자유이며(요 13:4-5), 폭력을 폭력으로 응대하지 않고 사랑으로 감싸 안는 희생의 자유이며(눅 23:34), 아무것에도 매이지 않았으면서도 다른 이들을 위해 스스로 종이 되기를 자처하는 자유이다(고전 9:19). 하나님의 권세는 이처럼 무기력해 보인다. 하지만 하나님의 정의는 언제나 이긴다. 지는 것 같으면서 꼭 이긴다. 이것이 하나님의 힘이요 권세다. "밝은 길은 어두운 것 같고明道若昧, 나아가는 길은 물러나는 것 같다進道若退"는 노자의 말은 바로 이런 사실을 가리키는 것이 아닐까? "나라와 권세가 아버지께 있다"고 고백하는 이들은 어두운 것 같은 길, 물러나는 것 같은 길, 곧 십자가의 어리석음을 마다하지 않고 산다.

하나님의 선하심을 드러냄

그러면 영광이 하나님께 있다는 고백은 무엇인가? 모세는 하나님께 주님의 영광을 보여달라고 간청했다. 그때 하나님은 "내가 내 모든 선한 것을 네 앞으로 지나가게 하고 여호와의 이름을 네 앞에 선포하리라. 나는 은혜 베풀 자에게 은혜를 베풀고 긍휼히 여길 자에게 긍휼을 베푸느니라. 또 이르시되 네가 내 얼굴을 보지 못하리니 나를 보고 살 자가 없음이니라"(출 33:19-20) 하셨다. 하나님의 영광은 다름 아니라 하나님의 선하심이 드러나는 것이다. 세상을 만드시고 보기에 심히 좋았다고 하셨던 주님의 탄성은 이미 잊혀진 지 오래다. 오히려 하나님은 사람 지으신 것을 후회하시며 마음 아파하신다(창 6:6). 잊혀진 하나님의 탄성을 되찾아 드리는 것, 그것이 영광을 돌리는 삶이다. 하나님이 우리를 지으신 뜻을 이루는 삶, 제 몫의 삶을 제대로 감당하는 삶 말이다. 순간순간의 삶 속에서 하나님의 요구를 채우며 사는 삶이야말로 "영광이 아버지께 영원히 있다"는 고백을 참되게 한다.

'아멘' 이후의 삶

주님이 가르쳐주신 기도는 우리의 옛 삶에 대한 부정인 동시에 새 삶의 출발점이다. 우리가 진심으로 이 기도를 드리면, '아멘' 이전의 삶과 이후의 삶은 같을 수 없다. 믿음으로 맑아진 영혼은 세상을 꿰뚫어보는 안광으로 빛나고, 세상을 이길 힘으로 넉넉해지지 않겠는가?

주님이 가르쳐주신 기도는 기독교인들이 각종 모임을 마칠 때 사용하는 편리한 종결어미가 아니라, 기독교 신앙의 토대요 지향점이다. 몸과 마음과 뜻과 정성을 다해 주님의 기도를 드리고 나면 우리는 변화된 존재가 될 것이다. 시내산을 내려온 모세의 몸이 밝게 빛난 것처럼 말이다.

주님이 가르쳐주신 기도 여행을 마치면서 성 아우구스티

누스의《고백록*Confessions*》에 나오는 한 구절을 실어바친다.

주여, 어서 하소서.

우리를 깨워 일으키소서.

불 질러 황홀케 하소서.

향기 풍기사 훈훈케 하소서.

곧 사랑하리이다.

달려가리이다.

나는 전능하신 아버지 하나님, 천지의 창조주를 믿습니다.
나는 그의 유일하신 아들,
우리 주 예수 그리스도를 믿습니다.
그는 성령으로 잉태되어 동정녀 마리아에게서 나시고,
본디오 빌라도에게 고난을 받아 십자가에 못박혀 죽으시고,
장사된 지 사흘 만에 죽은 자 가운데서 다시 살아나셨으며,
하늘에 오르시어 전능하신 아버지 하나님 우편에
앉아 계시다가 거기로부터 살아 있는 자와 죽은 자를
심판하러 오십니다.
나는 성령을 믿으며, 거룩한 공교회와 성도의 교제와
죄를 용서받는 것과 몸의 부활과 영생을 믿습니다, 아멘.

사.
도.
신.
경.

/

'믿습니다' 라는 열두 번의 고백

나는 믿습니다

/

지금은 다른 세상으로 영원히 이사를 가버리신 나의 선생님은 냉면을 참 좋아하셨다. 선생님은 간혹 을지로에 있는 단골 냉면집으로 우리를 불러내셨다. 냉면을 먹은 후에 꼭 들르는 곳이 있었다. 종묘宗廟. 선생님은 종묘 뒤편에 있는 숲을 참 좋아하셨다. 그러나 더 좋아하신 것은 느긋하게 종묘와 창경궁을 거닐면서 제자들과 대화를 나누는 것이었다. 어느 날 선생님은 문득 종묘정전 앞에 멈추어 서신 채, 단순하면서도 장엄하게 이어지고 있는 지붕의 선과 열 지어 서 있는 기둥들을 물끄러미 바라보셨다. 그리고 물으셨다.

"너, 조선 왕가에서 종묘가 상징하는 바가 뭔지 알고 있니?"

"왕가의 조상신을 모신 일종의 사당 아닙니까? 왕궁의 오른쪽에 있는 사직단社稷壇과 함께 왕가의 상징이지요."

"그래, 그런데 그걸 신학적으로 한번 표현해봐."

우둔하기만 한 제자는 그때 대답을 못했다. 열주를 향했던 눈길을 거두어 발걸음을 옮기시면서 선생님은 간결하게 말씀하셨다.

"Apostolicity사도성."

'사도성이라… 아, 이 종묘야말로 왕가의 정통성을 가시화한 상징물이란 말씀이구나.' 새삼스레 선생님에 대한 외경심을 느끼지 않을 수 없었다. 보고 듣고 만나고 겪는 모든 일을 신학의 감으로 삼는 저 놀라운 집중력! 그리고 그날 나는 '사도성'이라는 말과 새롭게 만났다. 말씀이 육신이 되는 순간이었다.

이 세상에 있는 어떤 존재도 무로부터 스스로 걸어나오지는 않았다. 우리가 알지 못하는 어떤 힘이, 혹은 필연이 우리(모든 존재)를 이곳에 데려왔다. 우리를 있게 한 그것을 가리켜 뿌리라 해도 좋고, 어머니라 해도 좋고, 근원이라 해도 좋다. 중요한 것은 우리를 있게 한 그 근거를 고의로 무시하거나 잊어버리지 않고 살아가는 것이다. 그것을 무시하거나 잊어버리는 것은 곧 자기가 서 있는 발판 자체를 부정하는 일이기 때문이다. 우리가 딛고 있는 발판, 혹은 우리와 근원을 이어주는 끈을 가리켜 역사, 혹은 전통이라 한다. 하지만 유감스럽게도 역사와 전통에서는 퀴퀴한 곰팡이 냄새가 난다. 한 발을 과거의 어둠 속에 딛고 있기 때문이다. 사람들은 그 전통을 가볍게 무시하고, 뽀송뽀송한 현재만을 누리고 싶어한다.

'바야흐로 새로운 밀레니엄이 눈앞인데, 앞을 내다보기에도 눈이 피곤할 지경인데, 뒤를 돌아보라구? 노, 땡큐!' 하는 이런 시대에 '사도신경'을 돌아보는 것은 시대착오적인 발상인가? 아니면 꼭 필요한 일인가? 두고 볼 일이다.

삶을 돌아보고, 확인하고, 감사하는 시간

신앙은 일차적으로는 개인의 자각에 근거한다. 주체적인 경험이 무엇보다도 소중하다는 말이다. 우리가 삶의 근원이신 하나님과 연결되어 있음을 깊이 자각하고, 그분의 섭리 안에서 호흡하며 사는 것은 얼마나 복된 일인가? 그러나 종교 체험이 영혼의 미궁이 되는 경우도 종종 본다. 기도 중에 무슨 음성을 들었다거나, 어떤 영상을 보았다고 하는 이들이 미혹에 빠지는 모습을 우리는 많이 보았다. 세속적인 동기에서 그런 경험을 창작한 사기꾼도 물론 있겠지만, 진짜로 듣고 본 사람도 있을 것이다. 문제는 그들이다. 그들은 자기 체험에 스스로 도취되어, 그 체험의 무게를 달아보지 않는다. 인격의 변화, 삶의 변화가 따르지 않는 종교체험의 폐해는 이루 말로 다할 수 없다.

여기서 우리는 신앙의 두 번째 차원인 전통에 주목해야 한다. 우리 신앙이 올바로 토대 위에 정초되기 위해서는 전통의 매개가 필요하다. 전통 자체가 계시나 신앙체험의 절대적인 기준은 아니지만, 적어도 전통은 아리아드네의 명주실 구실은 한다. 크레타의 영웅 테세우스가 다이달로스의 미궁迷宮을 빠져나올 때 붙잡고 나왔던 실 말이다.

우리가 근원과의 연결을 잃고 방황하지 않기 위해서는 전통과의 대화를 소홀히 하지 말아야 한다. 전통과 대화한다 하여 의고주의자擬古主義者가 되는 것은 아니다. 오히려 전통과의 개방적이고 비판적인 대화를 통해 우리가 딛고 서 있는 삶의 토대를 확인하고, 또 새로운 '길'을 찾으려는 것이다. "모든 역사는 다 현대사"라는 역사학자 크로체의 말은 바로 그런 뜻일 것이다.

순례자들의 공적 고백

사도신경의 삶의 자리는 초대교회의 예배 의식, 특히 세례식이다. 일종의 입문의례인 세례식 때 참가자들은 과거와 결별하고 새로운 세계를 향해 길 떠나기로 결단한 표로 자기들의 믿음을 공적으로 고백해야 했고("나는 ～을 믿습니다. 아멘."), 그 고백의 내용을 교회는 "나는 전능하사 천지를 만드신 하나님 아버지를 믿습니다"에서 "나는 영생을 믿습니다"에 이르기까지 12항목(여기서도 역시 12라는 숫자에 대한 집착을 볼 수 있다)으로 정리했던 것이다.

오늘 우리의 입장에서 보면 사도신경은 무척 허술해 보인다. 성경, 성례전, 믿음을 통한 구원, 화해, 하나님나라에 대한 구체적 언급이 없기 때문이다. 하지만 모든 고백 혹은 신경은 동 시대의 문제에 답하기 위해 채택된 것임을 기억해야 할 것이다. 모든 시대에 보편적으로 적용될 수 있는 영원의 신경은 불가능하다. 그렇다면 사도신경은 오늘의 상황에서 폐기되거나, 대치되어야 할까? 아니다. 그것은 목욕물 버리려다가 목욕통 속의 아기까지 버리는 격이다. 사도신경은 통시적으로, 공시적으로 신앙의 일치를 위한 중요한 전거이다. 따라서 사도신경은 각 시대의 콘텍스트가 제기하는 다양한 물음에 답하기 위해 늘 새롭게 재해석되어야 한다.

하루 종일 색칠공부 책에 그림을 그리는 아이가 있었다. 아이는 나비, 꽃, 구름, 강물을 그렸다. 혹시라도 금 밖으로 자신의 색칠이 나갈까 두려워하며. 나비도 꽃도 구름도 강물도 모두 색칠하는 선에 갇혀 있는 것을 보며 엄마는 혼잣소리로 말한다. 엄마만 아니라면 그 선 밖으로 북북 칠하라고, 선 밖으로 꿈틀꿈틀 뭉게뭉게 꽃피어나라고, 위반하라고, 범하라고 부추길 텐데. 하지만 엄마는 그러지 못한다. 엄마이기에. 그래서 탄식한다.

나 그도록 제도를 증오했건만
엄마는 제도다.
나를 묶었던 그것으로 너를 묶다니!
내가 그 여자이고 총독부다.
엄마를 죽여라! 랄라.
_김승희, 〈제도〉

선 밖으로 조금만 뭉게뭉게 꽃피면 인생이 즐겁다. 모험의 대가를 치뤄야 하겠지만 말이다. 우리가 조금만 벗어날 용기를 갖는다면(물론 벗어나기 위한 벗어남이 아니다. 우리의 자리를 보다 잘 보기 위한 벗어남이다) 기독교 신앙은 한결 풍요로운 색채로 우리 앞에 나타날 것이다. 우리를 편협한 정체성의 감옥에 가두어버리는 두려움을 떨쳐버리고 한 걸음만 앞으로 내딛자.

우리 앞에는 "나는 ~를 믿습니다"라는 열두 번의 고백이 있다. 물론 진정한 믿음은 주격도 목적격도 붙일 수 없다. 참으로 믿는다는 것은 하나 되는 것이기 때문이다. 예수를 믿는다는 것은 그분의 꿈을 나의 꿈으로 삼아 살아가는 것이다.

'길' 되신 예수님을 믿는다는 것은 우리가 그 '길'을 걷다가 마침내 그 '길'과 하나 되기를 원한다는 말이다. 그 궁극의 자리에는 주격과 목적격의 구분이 없다. 믿는 '나'가 믿음의 대상인 '하나님' 속에 녹아들어가 있기 때문이다. 하지만 아직 우리는 '길'이 아니다. 그렇기에 우리는 그 '길'로 인도하는 열두 대문을 열고 새로운 여행을 시작하려는 것이다. 주여, 우리를 도우소서!

둘

전능하신
창조주 하나님 아버지를 믿습니다

/

자연 재해로 인해 수많은 생명들이 속절없이 죽어가고, 사람들의 모듬살이에서 날마다 빚어지는 참혹한 일들을 바라보면서 우리는 스스로의 무기력함을 절감한다. 병에 시달리는 지친至親들의 신음을 들으면서도 아무 일도 할 수 없어 한숨만 삼킬 때, 우리의 가슴 깊은 곳에서는 '할 수만 있다면 내가 대신 아프면 좋으련만!' 하는 탄식이 절로 나온다. 그러나 그럴 수 없음을 너무나 잘 안다. 잘 알기에 그 탄식은 더 비통하다. 누구도 대신해줄 수 없는 실존의 한계상황 속에서 무기력함을 절감할 때, 우리도 모르는 사이에 하늘은 원망의 표적이 된다. "아이고, 하늘도 무심하시지" 하면서.

사람은 어떤지 몰라도 적어도 하늘만큼은 무심해서는 안

된다고 우리는 생각한다. 하늘마저 무심하다면 우리는 무엇을 믿고 산단 말인가. 하늘의 무심함은 우리의 존재 근거를 무너뜨린다. 아, 전능하신 하나님은 어디 계신가? 세상은 과연 혼돈과 부조리를 넘어 하나의 방향을 향하여 가고 있는가? 정말 하나님은 전능하신가?

하나님은 전능하지 않다. 적어도 사람들이 흔히 생각하는 전능의 개념으로는 그렇다는 말이다. 하나님도 둥근 직각 삼각형은 그릴 수 없다. 또 이미 일어난 일을 무화시킬 수도 없다. 까뮈가 인간의 마지막 가능성이라고 했던 자살도 할 수 없다. 그러나 그보다 더 결정적인 것은 우리에 대한 사랑을 포기하실 수 없다는 것이다. 노아 시대의 타락을 보고 사람 지으신 것을 후회하시지만 끝내 사람에 대한 희망을 버리지 못하시는 하나님이다. 오쟁이진 남편처럼 거듭거듭 자기 백성으로부터 등 돌림 당하면서도 끝내 사랑을 거두지 못하시는 하나님이다. 그러나 스스로 한계를 설정한 하나님의 무능이 우리에게는 전능으로 드러난다.

세상을 부둥켜안고 계신 하나님

사도신경이 고백하는 하나님의 전능하심은 무슨 일이든 못할 것이 없는 폭군의 전능이나, 스스로 만든 룰을 가차 없이 범하면서 멋대로 행동하는 무규범의 전능이 아니고, 사랑의 전능이다. 어떠한 방해물도 우리를 구원하시려는 하나님의 사랑을 좌절시킬 수 없다는 점에서 하나님은 전능하시다. "하나님의 전능에 대한 믿음은 다른 세력들을 비신화화하고 인간의 세계와 정치적 세력을 비숙명화한다"는 로호만 J. M. Rohrmann의 말은 바로 이것을 말한다.

바로의 애굽은, 그리고 홍해는 자유의 새 땅을 향한 이스라엘의, 아니 하나님의 진군을 막을 수 없었다. 십자가는 하나님의 무능과 실패의 상징처럼 보인다. 하지만 그 십자가야말로 인간을 구원의 길로 이끄시는 하나님의 지혜이다. 대지약우大智若愚, 큰 지혜는 어리석어 보인다 하지 않던가? 사람은 하나님이 하시는 일의 시종을 측량할 수 없다. 사량분별思量分別 너머에 있는 하나님의 현실에 대해 사람은 모름을 지켜야 한다(다석 유영모 선생은 사람을 가리켜 '모름지기'라 했다). 그것이 사람의 본분이다. 우리는 펼쳐진 질서만을 볼 수 있을 뿐, 접혀진 질서는 하나님이 보여주셔야 볼 수 있다.

유사類似 전능을 추구하는 인간의 입장에서 보면 하나님의 지혜는 속도감이 없다. 286컴퓨터 같아서 도저히 참아낼 수 없다. 왜 하나님은 리얼타임으로 세상에 개입하시지 않는가? 그러나 조금만 생각해보면 하나님의 지혜가 얼마나 큰 은혜인가를 알게 된다. 하나님은 나만의 하나님이 아니다. 엘리후의 말처럼 하나님은 전능하시나 아무도 멸시치 아니하신다(욥 36:5). 세상 모든 일들은 촘촘한 그물코처럼 얽혀 있다. 북경에 있는 나비 한 마리의 날갯짓이 태평양에 거대한 폭풍을 일으킨다지 않던가? 하나님의 방법과 시간은 예측할 수 없다. 안다고 하는 것이 모르는 것이고, 모른다고 하는 것이 아는 것이다. 내 뜻에 응답하기 위해 하나님이 서두르지 않으신다고 화를 낼 이유가 무엇인가?

하나님의 사랑이 무능하지 않음은 하나님이 하늘과 땅을 지으신 분이라는 사실과 관련되어 있다. 창조주 하나님을 믿는다는 고백이 과학자들의 우주 발생론과 충돌할 하등의 이유도 없다. 창세기 첫머리에 나오는 창조 이야기는 우주 발생론의 교과서가 아니다. 그것은 세상에 있는 어떤 것도 하나님의 현실 밖에 있지 않으며, 모든 것은 다 긴밀히 관련되어 있다는 사실에 대한 고백적 증언이다.

"한 알의 모래알 속에서 우주를 본다"는 윌리엄 블레이크의 노래는 바로 그런 사실을 드러내고 있다. 글을 쓰고 있는 지금 어디서 나타났는지 청개구리 한 마리가 벽을 타고 오르다가 멀뚱히 나를 바라본다. '참 희한하게 생긴 물건을 다 보겠구나' 하는 투로 말이다. 나는 이 청개구리가 왜 존재하는지, 또 어디에서 온 것인지 모른다nowhere. 다만 이 청개구리가 고독의 시간 속에 찾아와 진귀한 손님으로 지금 여기에now here '있다'는 사실을 인식할 뿐이다. 나는 이 청개구리를 죽일 수도 있고, 살릴 수도 있다. 그 정도의 힘은 내게 있다. 하지만 내게 그런 권리가 있는가? 없다. 이 작은 미물조차도(미물이라고? 아, 이 뿌리 깊은 인간 중심주의여!) 피조 세계의 일원이다. 하나님의 질서 속에 있다는 말이다. 하나님을 하늘과 땅의 창조주로 고백하는 사람들은 피조 세계의 인간학적 환원을 거부한다.

하나님은 세상을 넘어서지만, 세상을 부둥켜안고 계시다. 하나님은 자기동일성 속에 갇혀 홀로 있기를 바라는 자족적 존재가 아니라, 당신이 만드신 피조물들과 함께하시는 관계적 존재이시다. '함께'한다는 것은 상처입기를 두려워하지 않는다는 말이다. 성서의 하나님은 인간의 배덕 때문에 괴로움을 겪으시고, 상처 입은 사랑 때문에 분노의 감정에 사로잡히기도 한다.

끙끙 앓는 하나님
누구보다도 당신이 불쌍합니다.
우리가 암덩어리가 아니어야

당신 몸이 거뜬할 텐데.

_최승호, 〈몸〉

창조주 하나님은 그 지으신 모든 것을 보시고 매우 기뻐하셨다. 하지만 기쁨은 잠깐이고, 긴 고통의 시간이 시작되었다. 하나님은 창조를 통해 피조 세계의 역사와 연루되고 만 것이다. 특히 그 냄새 나는, 사나운, 오만한, 신의를 모르는, 혼돈에 가까운 인간의 역사와 말이다. 전지하신 하나님이 이런 결과를 예측하지 못하셨나? 그러나 우리는 이 질문에 답할 수 없다. 올바른 질문이어야 올바른 대답이 나온다. 소경 된 자를 앞에 두고 그가 소경 된 것이 누구의 죄 때문인가를 묻는 것은 잘못이다. 오히려 하나님이 그를 위해 하시려는 일이 무엇인지를 물어야 한다(요 9장 참조). 피조 세계와, 특히 인간과 깊이 연루된 하나님은 지금 어떠신가? 시인은 끙끙 앓고 있다고 한다.

우리의 필요를 위해 깨어 계신 분

우리로 인해 "끙끙 앓는 하나님"을 우리는 아버지로 고백한다. 어머니라 해도 상관없다. 아이들이 어렸을 적에 아내는 잠든 아이들의 머리맡에서 연필을 깎곤 했다. 아이들의 내일을 위해서. 그 모습은 거룩한 성례를 집행하는 사제의 모습과 닮아 있었다. 아내는 사랑과 염원을 담아 아이들의 꿈을 깎고 있었던 것이다. 그런 아내의 모습에서 하나님의 반영을 본다. 보이지 않는 곳에서 우리에게 필요한 것들을 마련하시느라 깨어 있는 하나님! 가부장적인 권위의 냄새는 어디에도 없다. 집을 나갔던 못난 자식을 눈이 빠지게 기다리다가 고샅길을 돌아 나오는 아들을 보고 맨발로 달려 나가 부둥켜안고 우는 하나님이 곧 예수의 아버지이다. "지존 무상하시며 영원히 거하며 거룩하다 이름하는 자"인 초월적인 하나님은 동시에 "겸손한 자의 영을 소생시키시며 통회하는 자의 마음을 소생시키시는"(사 57:15) 사랑의 아버지인 것이다.

"나는 전능하신 창조주 하나님 아버지를 믿습니다."

이 고백은 하나님과 우리 사이의 거리를 강조하려는 것이 아니라, 세상의 모든 피조물들이 유기체적으로 결합된 것임을 상기시키시면서, 사랑의 주도권을 쥐고 구원을 일구어 가시는 하나님, 곧 아버지이신 하나님에 대한 근원적 신뢰의 표현이다. 주여, 불초不肖한 우리를 용서하소서.

우리 주 예수 그리스도를
믿습니다

/

"무엇을 보고 계신가요, 영감님?" 호기심이 생긴 그가 물었다.

노인은 머리를 들고 구슬픈 미소를 지었다. "흘러가고 사라지는 내 인생을, 내 삶이 흘러가 사라지는 것을 보고 있다오."

"걱정 마세요. 영감님, 당신의 인생은 어디로 흘러가는지를 알고 있으니 바다를 향해서, 모든 사람의 삶은 바다를 향해서 흘러가고 있다오."

노인이 한숨을 지었다. "그래요, 젊은이, 그렇기 때문에 바닷물이 짜다오. 수많은 사람의 눈물이 모였기 때문에." 그는 다시 흘러가는 물로 고개를 돌리고 아무 말도 하지 않았다.

_니코스 카잔차키스, 《전쟁과 신부》

인생은 정말 눈물의 바다인가? 인생은 살기 어렵다는데 시가 쉽게 씌어져서 부끄럽다는 시인의 고백처럼, 나는 너무 쉽게 살고 있는 것은 아닌가 묻지 않을 수 없다. 오랫동안 가난과 질병에 시달리고 있는 교우 한 분이 식사를 마치고 자조 섞인 말을 했다. "나는 빨리 늙어 꼬부라졌으면 좋겠어요." 그는 자기의 삶이 버거운 것이다. 그의 앞에 당도하는 시간은 장미 꽃다발이 아니라, 쓰디쓴 상처를 안고 있다. 그는 현실로부터 탈출하고 싶다. 그런 그의 심정을 모르는 바 아니지만 나는 짐짓 쾌활한 목소리를 가장하고 물었다.

"그게 무슨 소리예요? 그만 살고 싶어요?"

그러자 뜻밖의 대답이 돌아온다. "아직 모든 것을 포기하기에는 하고 싶은 게 너무 많아요."

"아니, 늙으면 생에 대한 욕망이 저절로 스러질 것 같은가 보지요? 고목에 꽃핀다는 말 못 들어봤어요? 욕망은 잘 달래서 내보내거나 다른 욕망으로 승화시켜야지 강제로 추방하려고 하면 되려 실력발휘를 하게 마련이에요."

말의 부질없음을 알면서도 나는 겨우 이 정도밖에는 대꾸할 줄 모르는 목사이다. 그에게 필요한 것은 말이 아니라, 그의 삶을 든든하게 지탱해줄 의지처가 아닌가. 언제든 다가가 기댈 수 있고, 울 수 있고, 상의할 수 있고, 인도함 받을 수 있고, 때로는 준엄한 나무람으로 우리 삶을 제자리로 되돌려주는 존재 말이다. 제 아무리 강한 척하는 사람도 '주' 없이는 살지 못한다. 우상 없이 기다리지 못하는 게 사람 아니던가?(출 32장) 사람들은 자기 삶의 무의미성을 극복하기 위해 많은 주들lords을 만들어 섬긴다. 그러나 대부분의 사람들은 자기가 부자유함을, 취해 있음을 깨닫지 못한다. 이데올로기·돈·명예·권력·출세·쾌락의 얼굴을 한 유사 주들pseudo-lords에 취해 사람들은 흥청거린다. 그래서 그들은 정말 행복한가? 오히려 허망하지 않은가? 남가일몽南柯一夢처럼, 숙취의 불쾌함처럼, 뱃멀미처럼.

예수를 주로 고백한다는 것

우리는 누구나 자유를 위하여 태어났다. 그러나 자유는 기성품이 아니다. 돈을 주고 구입할 수도 없고, 우정을 빙자하여 빌릴 수도 없다. 자유는 싸우는 자에게 주어지는 선물이다. "누구의 소유물이 되기에는 누구의 더부살이가 되기에는, 혹은 온 세상 어느 왕국의 쓸 만한 종이나 기계가 되기에는, 나는 너무나 고귀하게 태어났노라."(헨리 데이비드 소로) 그런데도 고백한다. "우리 주 예수 그리스도를 믿습니다."

예수를 '주'로 고백하는 것은 자유에 대한 포기인가? 노예적인 굴종인가? 많은 사람들이 자기 비하가 믿음이라고 생각한다. 인간의 무능이 곧 하나님의 능력을 드러내는 계기라고 믿으며 짐짓 몸을 낮추는 것이 믿음인가? 천만의 말씀이다. 예수는 세상의 무기력과 부자유와 불의와 싸우는 전사warrior이시다. 예수는 징징거리는 사람들의 '주'가 아니다. 예수를 '주'로 고백하는 자들은 싸울 준비가 된 자들이다. 남을 제거하기 위한 미움의 싸움 말고 남을 살리려는 사랑의 싸움 말이다. 예수는 자유를 제한하거나, 우리의 의사에 반하여 무엇인가를 하도록 강제하는 폭군이 아니다. 그는 자유를 위한 싸움에, 사랑의 실천에 동참할 자들을 찾는 "사람을 찾는 하나님"(헤셸)이시다.

예수를 '주'로 고백한다는 것은 오직 그분만이 내 삶의 의미이고, 목표이고, 바른 길이라는 고백이며, 그의 싸움과 사랑의 실천에 연대함으로 삶의 무상성을 넘어 영원에 이르겠다는 다짐이다. 그들은 비애에 가득 찬 삶을 살면서도 결코 낙심하지 않는다. 해야 할 일이 있고, 가야 할 길이 있기 때문이다. 예수를 '주'로 고백하는 사람들은 절대적 충성을 요구하는 문화식민주의·민족주의·과학주의·신자유주의·물질주의에 저항한다. 그들은 삶의 주도권을 예수께 넘겨드리고 산다. 하지만 예수는 정말 오늘의 교회에서 '주'인가?

교회의 미래를 위한 중요한 결정에서, 교회 일치를 위한 대화에서, 교회의 재정 사용에서, 주님은 정작 소외되고 있는 것은 아닌가? 불필요한 자기과시와 이익추구를 위해 주님을 골방 속에 유폐시키고 있지는 않는가?

"우리 주 예수 그리스도를 믿습니다" 하는 고백은 권력과 이익을 확보하기 위해 복음을 속화시키는 우리 모두에게 던져진 거대한 물음표이다. "나더러 '주님, 주님' 하는 사람이라고 해서, 다 하늘나라에 들어가는 것이 아니다. 하늘에 계신 내 아버지의 뜻을 행하는 사람이라야 들어간다"(마 7:21, 새번역). 이 얼마나 단호한 말씀인가?

하나님의 뜻을 구현하는 예수의 삶

우리는 예수를 '주'라고, 또 '하나님의 외아들'이라고 고백한다. '하나님의 아들'이라는 표현은 고대인들에게는 낯설지 않다. 고대 세계의 지배자들은 자기의 권위를 절대화하기 위해서 그런 표현을 사용했다. 유대 전통에서는 이적을 행함으로 세상 사람들의 주목을 끄는 사람에게도 이 표현을 사용했다. 하나님은 모세에게 "이스라엘은 나의 맏아들"(출 4:22)이라고 하셨다. 여기서 '나의 맏아들'이란 말은 하나님의 구원사에서 이스라엘에게 맡겨진 책임과 관련된 것이다. 우리가 예수를 '하나님의 아들'이라고 고백하는 것도 같은 맥락이다. 호모우시아 혹은 호모이우시오스를 놓고 갈등했던 교부시대의 역사가 있지만, 그게 어떻다는 말인가? 하나님과 아들 예수 사이의 동일본질을 주장한 사람들이 싸움에서 이겼다고 해서, 그것이 곧 유보할 수 없는 진리라도 된다는 말인가? 중요한 것은 우리가 어떤 의미를 담아 예수를 하나님의 아들이라고 고백하는가 하는 것이다. 예수가 하나님의 아들이라고 할 때 우리는 예수와 하나님이 내적으로 일체임을 고백하는 것이며, 예수의 삶은 곧 하나님의 뜻의 구현임을 고백하는 것이다.

문제는 '외'아들이라는 표현이다. 이것은 다른 하나님 아들의 가능성을 향해 내린 정지명령과 같다. 기독교인들은 하나님의 크신 사랑을 표현할 때 우리 죄를 대속하기 위해 당신의 외아들을 보내주셨다고 말한다. 하나님께 다른 아들은 없는가? 있다. "평화를 이루는 사람은 복이 있다. 하나님이 그들을 자녀라고 부르실 것이다"(마 5:9, 새번역). 그렇다면 외아들이란 표현은 모순 아닌가? 문자적으로만 보면 그렇다. 그러나 그 말 속에 담겨 있는 속뜻으로 보면 그렇지 않다.

지금 탁자에 앉아 나를 바라보고 있는 여인은 나의 유일한 아내이다. 정말이다. 세상에 아내들은 많지만 '나의 아내'는 한 명뿐이다. 펑퍼짐한 중년의 아줌마이지만 그래도 내게는 다른 누구와도 비교할 수 없는 존재이다. 다른 예를 들어보자. 사랑에 빠진 젊은이들은 지구가 태양 주위를 도는 게 아니라, 자기 연인을 중심으로 돈다는 사실을 금방 이해한다. 돌연 연인은 세상의 중심이 되어 그에게 다가온다. 연인은 세계의 배꼽이고, 하늘과 통하는 우주나무이다. 그렇다. 우리가 예수와 사랑에 빠지면, 그래서 그분 한 분만을 '주'로 모시고 살기로 작정하면(어쩌면 이것은 결단의 문제가 아니라 사로잡힘의 문제일지도 모른다) 다른 어떤 존재도 그에게는 '중심'의 자리를 요구할 수 없다. 그때 예수는 우리에게 유일한 존재, 하나님의 '외아들'이 되는 것이다.

"그의 외아들 우리 주 예수 그리스도를 믿습니다."

이것은 예수를 통해 하늘을 보고, 영원을 보고, 생명의 무궁함을 보고, 예수라는 하늘의 아들에게 온전히 사로잡혀, 그 안에서 그와 함께 그를 향해 걷기로 작정한 이들, 곧 예수가 꿈꾸었던 세상을 열기 위해 자신의 삶을 바치려는 전사들의 고백이다.

넷

동정녀 마리아에게
나심을 믿습니다

/

입원실 문을 열고 들어서니 마치 화원에 들어서는 것 같았다. 꽃 무더기 사이로 저기, 마침내 소원을 이루었다는 안도감과 감사함으로 고요해진 얼굴이 보였다. 결혼한 지 10여 년 만에 첫 아이를 본 교우였다. "오셨어요?" 하며 반가워하는 그의 음성은 맑은 종소리 같았다. 아이의 출산은 그에게 복역 기간이 끝났음을 알리는 하늘의 나팔소리였던 것이다. 결혼 초엔 아기보다는 일이 더 소중했기에 포기해야 했던 생명들, 그리고 시작된 오랜 불임의 세월. 그를 괴롭힌 것은 불임 자체가 아니라, 자신의 불임이 생명을 소홀히 여겼던 자기 죄에 대한 하늘의 형벌이 아닌가 하는 생각이었다. 고도로 발달했다는 의학적이고도 과학적인 모든 노력이 수포로 돌아갔을 때, 그는 하나님께 매달렸다. "한나를 긍휼히 여기심 같이, 사라와 리브가와 라헬의 태를 열어주심 같이 제게도 주님의 은총을 허락하소서." 그리고 마침내 예쁘고 건강한 사내아이를 출산한 것이다.

실증주의자들은 이 경우를 두고 과학적인 설명을 찾으려 할 것이다. 하지만 그의 탄식과 눈물을 기억하는 이들은 그 아기가 하늘의 선물임을 의심하지 않는다. 그는 "내가 낳았다"고 말하지 않고, "하나님이 주셨다"고 고백한다. 시에나의 성녀 카타리나는 생명 없는 소년의 몸 위에 엎드림으로써 죽은 아이를 소생시킨 엘리사의 모습(왕하 4:34)에서, 죽은 인류의 몸 위에 엎드려 그 몸의 지체들에 당신의 지체들을 포개어놓으시고 하나님의 생명을 죽은 인간에게 결합시키시는 성자의 모습을 보았다. 아론의 지팡이에 감복숭아꽃이 피고(민 17:8), 돌올리브나무가 참올리브나무에 접붙여짐으로 열매를 맺는 것처럼(롬 11:17), 성자는 불모의 세상과 하늘을 결합시키기 위해 마리아의 몸을 통해 오셨다. **"성령으로 잉태하사 동정녀 마리아에게 나심을 믿습니다."**

지배의 포기, 섬김의 선택

예수가 성령으로 잉태되었다는 고백은 생물학적 차원의

진술이 아니라, 우리가 그리스도로 고백하는 예수의 근원을 가리키고 있다. 예수는 그 시원을 헤아릴 수 없는 저 어두운 심연, 사람의 접근이 허락되지 않는 장엄한 세계인 하늘로 소급되는 존재라는 것이다. 성령 잉태는 하늘의 주도권에 의한 탄생을 증언하고 있다. 인간 아버지가 부정되는 것은 그 때문이다. 여기서 우리는 예수의 탄생 이야기가 세계 여러 나라의 건국설화와 형태상 유사함을 알 수 있다. 난생卵生설화이든, 신인 하강下降설화이든, 건국시조들에게는 인간 아버지가 없는 경우가 대부분이다. 그들은 누군가를 계승한 존재가 아니라, 전적으로 새로운 존재들로 고백되어야 하기에 아버지는 부정될 수밖에 없다. 역사의 새 장을 연 존재들을 성적인 욕망의 소산이라든지, 종족 보존을 위한 욕망의 소산으로 고백할 수는 없었던 까닭이다.

마태복음 1장에는 예수의 족보가 기록되어 있다. 성경을 읽는 사람들이 대개 건너뛰는 대목이다. "아브라함은 이삭을 낳고, 이삭은 야곱을 낳고"에서 보듯 "낳고, 낳고"로 이어지는 이 족보의 끝에 마태는 예수의 탄생을 이렇게 기록하고 있다. "야곱은 마리아의 남편 요셉을 낳았다. 마리아에게서 그리스도라고 하는 예수가 태어나셨다"(1:16, 새번역). 마태는 요셉이 예수를 낳았다고 기록하지 않는다. 그렇다고 하여 마리아가 예수를 낳았다고도 하지 않는다. 마태는 "누가 누구를 낳았다"는 틀을 깨고 "마리아에게서 그리스도라고 하는 예수가 태어나셨다"라는 표현을 쓰고 있다. 예수는 여기서 '목적어'가 아니라 '주어'로 바뀌었고, '낳았다'는 능동적 표현은 '태어났다'는 수동적 표현으로 바뀌고 있다. 이것은 예수가 이전의 어떤 존재들과도 구별되는 새로운 존재이고, 그 태어남의 주체는 하나님이심을 드러내기 위한 것이다.

이러한 유사성에도 불구하고 예수의 탄생이야기는 "동정녀 마리아에게 나셨다"는 고백에서 드러나듯이 인간인 '어머니'의 세계를 긍정하고 있다는 것이다. 하늘이 땅과 결합하고, 영원이 시간 속에 돌입할 때 여성의 태를 이용한다는 것은, 가부장적 질서가 지배하는 세계에서는 가히 전복적 상상력이라 할 만하다. 그렇다면 예수의 탄생 이야기에서 가부장적 사회의 '지배자'인 '남성'이 배제되고 '여성'의 역할이 강조된 이유는 무엇일까? 신화학자인 조셉 캠벨Joseph Cambell은 이에 대해 "하나님이 인간을 구원하기 위하여 사용하는 수단이란 이 세상의 일상적인 수단들(富나 권력이나 性)이 아니라 겸손과 약함이라는 것"을 드러내기 위해서라고 말한다. 세상의 지배관계를 역전시키러 오신 분의 무기는 겸손과 연약함이다. 싸우고, 정복하고, 지배하고, 명령하고,

소유하고, 명성을 얻으려는 남성적인 힘들이 부딪쳐 일어난 혼돈의 한복판에서, 하나님은 여성적인 것을 통해 세상을 정화하려 하신다. 예수는 지배하러 오신 것이 아니라, 섬기러 왔다. 지배의 포기, 섬김의 선택은 예수의 삶을 하나로 꿰고 있는 날실이다. 구유에서 시작해 십자가에서 끝난 인생, 벌거벗은 채 사람들의 손길에 무기력하게 내맡겨진 예수께서 우리를 구원하신다.

죽음에 맞서 생명을 잉태하다

렘브란트의 성화 〈수태고지〉는 마리아가 의자에서 내려와 다소곳이 무릎을 꿇고 앉아 영광의 빛에 둘러싸인 천사의 전언을 듣는 모습을 담고 있다. 마리아는 고개를 숙인 채 가슴 앞에 두 손을 모으고 있다. 그의 합장한 손은 고딕식 건물을 닮았다. 땅의 중력을 거부하는 듯한 점의 중심을 향해 상승하고 있는 고딕 건물 말이다. 그 손에서 나는 마리아의 목소리를 듣는다. "보십시오, 나는 주님의 여종입니다. 당신의 말씀대로 나에게서 이루어지기를 바랍니다"(눅 1:38, 새번역) 나무의 곁순처럼 무성한 인간적 욕망을 밀어내고, 신적 어둠을 향해 몸을 여는 이 순결한 수동성을 통해 인류의 태속에 마침내 하늘이 잉태되었다. 바람에 휘날리는 창문 커튼은 일렁이는 마리아의 마음을 절묘하게 드러내고 있지만, 마리아의 앉음새는 흔들림이 없다. 마리아는 하나님의 구세사에서 그릇 역할만 한 것이 아니다. 우리가 마그니피캇이라 부르는 '마리아의 찬가'(눅 1:46-55)는 하나님의 역사 섭리를 기뻐하면서, 이 흐름에 동참하려는 은총을 입은 자의 역동적인 모습을 장엄하게 보여주고 있다.

예수가 "동정녀 마리아에게 나셨다"는 고백은 예수의 신적 기원을 드러냄과 동시에 인간적인 기원도 암시하고 있다. 예수가 구체적인 살과 피를 가지고 있었던 여인의 몸을 빌려 태어나셨다고 고백함으로써 교회는 하나님의 아들이 인간의 역사와 근원적으로 연루되었다고 고백하는 것이다. 예수는 하늘의 아들인 동시에 대지의 아들이다. 육체를 받아 태어났기에 우리처럼 아파했고, 고민했고, 고난당했다. 그렇기에 인간이라는 멍에를 지고 살아가는 우리의 연약함을 함께 아파할 수 있고, 우리의 죄를 용서할 수 있다(히 4:15). 도마는 예수님의 손과 발, 그리고 옆구리에 나 있는 상흔을 보고 "나의 주님, 나의 하나님!" 하고 고백했지만, 우리는 그분의 탄생의 흔적인 배꼽을 생각하며 안심하는 것이다.

그대여, 당신이 누구든지간에, 당신의 배꼽을 보여준다면은 나

그대를 사랑하겠습니다. 더럽게 뒤엉긴 자그만 동그람이 굽이굽이 꼬불쳐진 그대의 서러운 배꼽도 나의 배꼽과 똑같이 부끄러운 죄와 어리석은 욕망이 고불고불 서리서리 끼어 있을 테지요. 그대여, 어둠의 태 속에서 영문 모르고 튀어나와 정처없이 죄를 짓고 죽어가는 그대여, 그대여.

_김승희, 〈배꼽을 위한 연가 1〉

"성령으로 잉태하사 동정녀 마리아에게 나심을 믿습니다." 실증주의자와 회의주의자가 냉소를 머금고 우리를 바라보고, 오만한 인문주의자가 종교는 계몽 이전의 몽매함 속에 머물러 있다고 비판해도 우리는 이 고백을 거듭할 수밖에 없다. 죽임의 문화가 검버섯처럼 피어난 불모의 대지 위에 몸을 맞대고 생명을 소생시키려는 하나님의 일이 계속되고 있음을 믿기에. 그런데 나는 지금 칼릴 지브란의 음성을 듣는다. "잠시, 바람 위로 한순간의 휴식이 오면, 또 다른 여인이 나를 낳으리라."

오늘 하나님의 꿈을 위해 자신의 태를 내놓을 자 누구인가? 하나님의 꿈을 품고 세속적인 즐거움과 안락함의 유혹을 거절하다가, 마침내 죽음에 맞서 생명을 낳고야 마는 오늘의 마리아는 누구인가?

십자가에 못박혀 죽으시고

/

본디오 빌라도, 왠지 이 이름에서는 비극의 냄새가 난다. 이미 죽었으면서도 망각의 강 저편에 이를 수 없는 사람, 아무도 대신 져줄 수 없는 자기만의 십자가를 지고 지상을 배회하는 사람이다. 그가 십자가에 못박으라고 내주었던 예수는 이미 십자가에서 내려와 자유와 생명의 새 몸을 입었지만, 이 불행한 사람은 지금도 사도신경 속에 고정된 채 사람들의 호명을 기다린다. 누가 부르든 달려 나가 조롱을 당하기 위하여. 인류에게 불을 가져다 준 죄로 카우카소스 암벽에 쇠사슬로 묶인 채 밤마다 독수리에게 간을 쪼아 먹히는 형벌을 당했던 프로메테우스, 그는 인류의 기억 속에 위대한 영웅으로 각인되어 있다. 하지만 강성한 로마의 총독으로

식민지植民地 백성들을 제멋대로 먹어치우던食民 빌라도, 그는 예수사건과 연루됨으로 역사상 가장 불행한 인물이 되고 말았다.

하지만 이제 그를 치려고 들었던 돌을 잠시 거두자. 사도신경에 고정된 빌라도는 2천 년 전, 팔레스타인 지역을 지배했던 그 사람만이 아니다. 빌라도는 우리 속에도 있다. 진리보다 정치적 안정과 세속적인 출세에 연연하는 사람들의 몸을 빌려 빌라도는 거듭 태어난다.

"네가 왕이냐?"

"네가 말한 대로 나는 왕이다. 나는 진리를 증언하려고 태어났으며, 진리를 증언하려고 세상에 왔다. 진리에 속한 사람은, 누구나 내가 하는 말을 듣는다."

"진리가 무엇이냐"(요 18:33, 38 참조).

빌라도, 위대한 진리행위를 눈앞에 보고 있으면서도, "진리란 무엇이냐"고 묻기만 할 뿐 그 대답을 들을 생각도 없이 뒷걸음질쳐버리는 사람에게 붙여진 이름이다. 세상의 모든 명사들은 동사를 통해 이해되어야 한다. '진리'라는 명사도 마찬가지이다. 진리는 진리행위라는 동사를 통해 그 실체를 드러낸다. 바울 사도는 이 점을 잘 인식하고 있었다. "우리는 하나님 우리 아버지 앞에서 여러분의 믿음의 행위와 사랑의 수고와 우리 주 예수 그리스도께 둔 소망을 굳게 지키는 인내를 언제나 기억하고 있습니다."(살전 1:3, 새번역).

행위로 표현되지 않는 믿음은 온전한 믿음이 아니다. 수고를 거부하는 사랑은 아직 사랑이 아니다. 조급증에 시달리며 안절부절못하는 소망은 참 소망일 수 없다. 신앙생활은 고백과 실천의 일치를 지향한다. 고백 없는 실천은 건조하고, 혹은 실천 없는 고백은 공허하다. 웨슬리가 말하는 성화는 고백과 삶 사이의 틈을 메우기 위한 의도적인 노력이다.

"진리란 무엇이냐?" 이때 빌라도가 묻는 '진리'는 명사 속에 고착된 진리이다. 진리행위에 대한 의지가 배제된 물음이기 때문이다. 예수는 로마의 평화라는 허구의 가면을 벗겨내는 진리행위로, '거룩'의 의상을 입고 민중의 곡절 많은 삶을 함부로 '죄'로 재단하던 바리새적 위선의 가면을 벗겨내는 진리행위로 자기 앞에 서 있건만 빌라도는 진리를 보지 못한다. 눈이 멀었기 때문이다.

자신의 몸을 태워 세상살이의 골마다 배어 있는 어둠을 몰아내고, 뜨거운 가슴으로 세상의 냉기를 품어 녹이려는 사랑이 없는 한 우리는 여전히 빌라도처럼 진리 앞에서 진리를 묻는 사람일 수밖에 없다. 하지만 거기서 그치는 것이 아니다. 너무도 생생한 진리행위를 보고도 진리를 깨닫지 못하는 이들은 진리의 적이 된다. 빌라도의 무지, 눈멀음은 진리를 십자가에 못박고야 말지 않았던가. 맑은 물에 손을 닦고, 본의가 아니었다고, 어쩔 수 없었다고 핑계를 대봐야 무슨 소용인가? **"본디오 빌라도에게 고난을 받으사 십자가에 못박혀 죽으시고."**

빌라도는 예수를 십자가에 못박았다. 그러나 빌라도는 이처럼 사도신경 속에 못박혀 있다. 영원한 반면反面교사로.

끝끝내 아픈 고백, 저들의 죄를 용서하소서

예수는 죽었다. 아니, 죽임을 당했다. 그의 생명은 인위적으로 가로막혔고, 쪼개어졌고, 죽음의 너울 속에 감금되었다. 예수의 죽음은 생과 사의 경계를 넘나들면서 생과 사는 본래 '빈 것'이라고 말하던 이의 죽음과 같지 않고, 죽음의 자리에서 닭 한 마리 빚진 것을 떠올렸던 어느 철학자의 죽음과도 같지 않다. 예수는 살고 싶었다. 그것도 간절히. 예수가 십자가에 못박히기 위해 이 세상에 왔다고 말하는 사람은 악마의 벗이다. 사람은 누구나 죽는다. 그렇다고 하여 죽음이 목표인 인생은 없다. 예수도 마찬가지이다. 십자가는

예수의 삶의 목표가 아니라 결과였다. 그의 삶을 향해 세상
은 죽음을 선고했다. 그에게 죄가 있다면 인간을 사랑한 죄.
땅에 살면서 하늘을 살려 한 죄뿐이다.

폭력과 광기가 사랑과 초월에의 꿈을 못박는 야수의 시
간, 십자가 위에서 예수는 아주 무력하다. 아무것도 할 수
없다. "네가 하나님의 아들이거든 십자가에서 내려와 보라"
는 조롱 어린 야유를 받으면서도 예수는 침묵한다. 그 고독
한 시간 예수의 전 존재는 하나님을 우러르고 있었기 때문
이다. 땅의 중력을 거부하면서 예수는 더 큰 생명의 부력으
로 떠올랐다. 이윽고 예수의 입에서 나온 기도, "저들의 죄
를 용서하소서." 예수는 초월의 빛 속에서 야수의 시간을 타
넘는다.

온 세상의 짐을 지고 걷는 예수

우리가 그를 하나님의 아들로 고백하는 것은 그가 이 세상
과는 완전히 낯선 존재이기 때문이다. 사랑은 무력해 보이
나 강하다. 무력한 예수, 완전히 벌거벗은 채 십자가에 달린
예수는 로마의 평화라는 허구의 신화를 여축 없이 드러낸
다. "꽁꽁 얼어붙은 겨울추위가 봄꽃을 한결 아름답게 피운
다"(寒凝大地發春華, 노신)지 않던가. 폭력과 광기로 얼어붙은 세

상 위에 피어난 한 송이 꽃, 예수. 인간이 인간에게 늑대가 되고, 칼이 되고, 총알이 되는 곳 어디에서나 예수는 향기로운 피꽃을 피우기 위해 다시 십자가에 오른다.

예수의 십자가는 현재진행형이다. 과거완료형이 아니다. 그러나 정말 그런가? 동사로 전위되어 우리 삶의 평화를 깨지 못하도록 교회는 십자가를 명사 속에 감금하고 있지 않는가? 신자유주의의 파도가 세상 도처에 있는 기층민들을 덮치고, 새 천년의 열림을 경축하는 샴페인 거품이 썩은 세상의 악취를 교묘히 은폐하고, 교회의 찬양소리가 피조 세계의 신음 소리를 삼킬 때, 금관을 씌워 예수의 입을 막을 때, 예수는 또 다시 십자가에 올라 피를 흘린다. 이승우의 소설 《연금술사의 춤》에 나오는 공본영의 '소리'는 무시해도 좋을 광인의 외침일 뿐인가?

너희들, 십자가를 끌어내려 목에다 겲으로써 탐욕스런 육체를 장식하듯 음란하고 부패한 영혼에다 종교를 장식하는 너희들. 예배행위를 무슨 친교 모임이나 고상한 취미 정도로밖에 생각지 않는 너희들, 신神이, 너희의 썩어 문드러진 영혼의 무덤을 은폐하기 위한 회灰 외엔 아무것도 아닌, 너희의 타락을 더 어떻게 참으랴. 그래, 십자가가 너무 크고 무거워서 부담스럽더냐. 너무 큰 십자가가 지속적으로 상기시키는 죄의 무게와 그 고통이 도저히 못 참을 정도더냐. 그래서 십자가를 장식품으로 만들었느냐. 그래서 호색적인 너희 정부들의 모가지에다 걸어서 달랑달랑 흔들고 다니게 하였느냐. 오호! 그렇게 해서 고통이 사라지더냐. '있는' 죄가 그런다고 없어지더냐! '살아 있는' 신이 그렇게 해서 죽어주더냐….

길 없는 곳에 길을 만들다

울울한 가슴을 진정시키려고 눈을 들었는데, 몇 해 전 태백에서 온 '바보 예수'가 말끄러미 쳐다본다. 테라코타로 빚어진 예수, 그는 두 팔을 벌려 온 세상의 무게를 짊어지고 있다. 두 눈은 휑하니 뚫려 있고, 힘에 겨운 듯 입은 벌어져 있다. 나는 그의 시선을 피하곤 한다. 공허한 그 눈이 내 속을 꿰뚫어보는 것 같기 때문이다. 그를 볼 때마다 나는 김현승의 시 〈鉛〉을 읽는다. "나는 내가 항상 무겁다. 나같이 무거운 무게도 내게는 없을 것이다. 나는 내가 무거워 나를 등에 지고 다닌다. 나는 나의 짐이다."

"나는 나의 짐이다"를 "너는 나의 짐이다"로 고쳐 외워본다. 나를 지고, 온 세상의 죄의 짐을 지고 헐떡이는 예수 앞에서 나는 말문이 막힌다.

오늘 예수의 십자가는 당신을 따라 캄캄한 어둠을 가로지르라는 부름으로, 파사현정破邪顯正의 열정으로 길 없는 곳에 길을 만들라는 요청으로 우리 가운데 우뚝 서 있다. 죽음을 넘기 위해서는 죽음을 통과할 수밖에 없음을 가리키면서.

죽은 자 가운데서
다시 살아나시고

상여가 마을 고샅길을 휘돌아 신작로에 들어섰을 때, 아내의 울음소리는 더욱 애처로웠다. "어머니! 이렇게 가실 줄 알았더라면 한번이라도 더 안아드릴 걸. 이제 마지막 가시는 길 고향산천이나마 두루 둘러보세요."

결혼해서 5년 동안 모시고 살았던 시어머니의 예기치 못한 떠남 앞에서 아내는 그저 서러웠다. 대견하다는 듯이 말끄러미 자식들을 바라보시다가, 묻는 말에 그저 선선한 웃음으로만 대답하던 어머니는 조용히, 아주 조용히 세상을 떠나셨다. 심지에 남은 마지막 기름 한 방울까지 다 태우고 툭 꺼지는 등잔불처럼. 서러울 것도, 안타까울 것도 없는 깨끗한 떠남이었다. 바다가 바라보이는 야산 비탈에 마련된 유택 앞에서 나는 어머니의 손을 잡듯 조용히 속삭였다. "어머니, 사시는 동안 한 번도 편히 쉬지 못하셨지요? 이제 이곳에 고단한 육신 눕히고 편히 쉬세요. 아무도 어머니의 고요를 방해하지 못할 거예요. 따뜻하지요, 하나님의 품이? 당신의 아들이었다는 사실이 제게는 얼마나 큰 복인지 몰라요. 고마워요. 엄마, 안녕히 가세요."

어머니가 누워 계신 무덤은 누기 뭐라 해도 나의 고향이다. 해마다 찾아가야 하는 순례의 성지이다. 그곳에서 나는 늘 새롭게 어머니와 만난다. 실존의 인사를 한다. 여름이면 무덤가에 지천으로 피어나 바람에 흔들리는 띠풀도, 망초꽃도, 할미꽃도 어머니의 수인사인양 정겹기만 하다. 겨울이면 무덤가의 잎 진 나무들이 허세를 여의고 살라는 어머니의 당부를 몸짓으로 전해준다.

어머니의 무덤가에 앉아 예수의 죽음을 생각해본다. 북새통을 이루며 몰려들던 사람들과 제자들에게 버림받은 채 설 땅을 잃고 죽임을 당한 예수. 그의 죽음을 애곡하는 것은 갈릴리에서부터 그를 따르던 여인들뿐이었다. 어디 마음껏 호곡할 수나 있었나? 숨죽인 흐느낌으로 여인들은 예수의 시신을 따라갔다. 아리마대 사람 요셉이 마련해두었던 무덤,

아무도 묻힌 적이 없던 그 무덤에 예수는 모셔졌다. 예수는 죽어서도 혼자인 것이다.

예수의 죽음 이후의 사흘은 인류 역사상 가장 고통스러운 시간이었다. 밥을 먹는 자는 밥을 먹고, 길을 걷는 자는 길을 걷고, 웃고 떠드는 자는 여전히 웃고 떠들고, 우는 자는 계속 울고, 잇속을 찾아 눈을 회번득거리는 이들은 여전히 분주하고, 아침이면 해가 뜨고, 저녁이면 해가 졌다. 달을 보고 누군가를 그리워하는 이들은 그리움에 목이 멨다. 예수 없는 세상이 마치 아무 일도 없는 것처럼 이전과 다를 바가 없다는 사실 앞에서, 그를 사랑하던 이들은 얼마나 상심했을까. 그가 십자가에 있을 때 해조차 빛을 잃었다고 복음서 기자들은 기록했는데, 그가 없는 사흘 동안 세상은 별고(?) 없었다. 이 새삼스러울 것도 없는 사실이 왜 그리도 모순되게 생각되는 것일까.

이제 묻는다. 인생의 길이 끝나는 곳에 홀연히 나타나 우리를 가두고 마는 무덤은 꿈도 사랑도 미움도 시새움도 흔적 없이 삼켜버리고 마는 무의 심연인가? 비목碑木조차 세우지 않은 예수의 무덤은 그가 꿈꾸었던 세상이 한낱 신기루에 지나지 않았음을 드러내는 참담한 표징인가? 아니다, 그렇지 않다. 꿈은 죽지 않는다. 눈 속에 파묻힌 씨앗이 봄을 기다리듯 참 생명은 생명의 봄을 기다린다. 예수의 무덤은 무상한 인생에 덧붙여진 덤이 아니라 새 생명을 잉태한 자궁이다. 봉분을 만드는 우리나라의 무덤은 임신한 산모의 배를 닮지 않았던가? 예수의 무덤은 사멸할 수밖에 없는 생명과 불멸의 참 생명 사이의 경계선이며 문지방이다. 그리고 예수가 무덤에 누워 있던 '사흘'은 새 생명의 회임懷妊 기간을 나타내는 하나님의 시간이다.

사흘, 새 생명의 회임 기간

"장사한 지 삼일 만에 죽은 자 가운데서 다시 살아나심을 믿습니다."

사흘 후 벙그러진 꽃망울이 열리듯 무덤은 열렸다. 열린 무덤은 크게 죽는 것이 사는 길임을 가리키고 있다. 사랑 없는 세상에서 단호히 사랑을 선택한다는 것은 일종의 몰락이고 죽음이다. 하지만 몰락이 두려워 사랑을 포기한다면 삶을 누릴 수 없다. 예수는 절벽 같은 세상에서 사랑을 위해 몸을 내던졌고, 거칠게 내동댕이쳐졌지만 바로 그 도약을 통해 새로운 생명으로 태어났다. 영원한 생명의 문은 죽음을 통해 나 있었던 것이다. "티파사의 아침 폐허 위에 맺히는 이슬. 세상에서 가장 오래된 것 위에 세상에서 가장 젊고 싱싱한 것. 이것이 바로 나의 신앙이고 또 내 생각으로는 예술과 삶의 원칙이다." (까뮈, 《작가수첩 III》)

죽은 살구나무 지팡이에서 꽃이 피듯, 예수는 무덤이라는 자궁을 통해 가장 젊고 싱싱한 생명으로 태어나 '최초의 인간'이 되었다. 그는 골고다 언덕 여기저기에 나뒹구는 죽음 위에 맺힌 하늘의 이슬인양 영롱한 생명으로 부활했다.

사람들은 예수의 부활에서 희망을 본다. 그리고 부활에의 소망을 목청껏 노래한다. '죽어야 산다'는 것을 모르지 않는다. 자아를 여의지 않고는 큰 생명으로 태어날 수 없음을 안다. 하지만 죽음은 싫다. 절제에서 오는 결락의 불편도 싫다. 누릴 것을 다 누리고 편히 살다가 부활에만 참여하고 싶다.

많은 교회들이 사람의 이런 덧없는 욕망에 방부 처리를 해준다. 그래서 진리를 잃는 대신 교인을 얻는다. 남긴 것 하나 없어 남의 무덤에 묻힐 수밖에 없었던 예수는 죽어서 사는 길을 가리키는데, 교회는 죽지 않고 사는 길을 가리키며 배를 불린다. 배가 불러 포효하기를 잊은 사자처럼 교회는 이제 더 이상, 욕망의 술에 취해 해롱거리며 갈 지之자 걸음으로 세상을 배회하는 이들을 향해 대갈일성하지 않는다. 이 땅에서 영원을 추구하는 자만이 영원으로 돌아갈 수 있음을 가르치지 않는다. 예수가 묻혔던 무덤에 우리가 곱다시 묻히지 않고는 다시 살아날 수 없음을 큰 소리로, 분명하게 말하지 않는다. 칼릴 지브란의 〈무덤 파는 사람〉은 우리에게 묻는다.

"너는 무슨 종교를 믿느냐?"

"나는 하나님을 믿고 그 선지자들을 섬긴다. 나는 미덕을 사랑하고 영원히 살기를 바란다."

나는 용감하게 신앙고백을 했다.

신기하리만치 영리해 보이는 그가 자신만만한 목소리로 말했다.

"그런 속빈 말은 옛날 사람들한테서 주워들은 소리지 네 체험에서 나온 소리가 아니다. 따지고 보면 너는 너 자신밖에 아무도 안 믿지. 그리고 다른 사람이 아닌 바로 네 자신만 섬기고 있다. 결국, 네 자신이 가지고 있는 향수의 영원함만 믿고 있는 것이다. 시간이 시작된 이래 인간은 오로지 자기 자신만 숭배해왔다. 거기에 적당한 이름을 붙였을 뿐이다. '신'이라는 단어가 그거지만 실은 자신을 의미할 뿐이다."

〈무덤 파는 사람〉은 지금도 자기 자신만 섬기는 사람, 곧 살아 있는 시체를 묻으려고 깊은 구덩이를 파고 있다. 우리 모두 그 구덩이 속에 가만히 누워 하늘을 보자. 뺨을 스치는

바람의 손길도 느껴보고, 높다랗게 떠 있는 구름의 전언도
들어보자. 등을 통해 전해오는 부드러운 흙의 속삭임도 들
어보자. 그러면 알게 될까? 우리가 얼마나 본질에서 멀어진
삶을 살고 있는지.

부활신앙을 품고 있는가

죽어야 산다. 죽기 위해 죽는 것이 아니라 살기 위해 죽어
야 한다. 제대로 죽어야 제대로 산다. 참 복이란 죽어야 할
자리에서 죽을 수 있는 것이다. 인간의 등불을 밝혀들고 어
둠을 향해 온몸으로 돌진하다가 죽은 이들이 있다. 무릎을
꿇고 사느니보다 서서 죽기를 택한 이들이 있다. 평화의 제
단에 온몸을 바치는 이들이 있다. 그들은 죽어서 산 자들이
다. 살아 있는 시체가 아니다. 하지만 제발 비루하고 구차한
기득권 유지를 위해 진실을 외면하고, 거짓과 욕망의 신에
게 헤픈 웃음을 팔면서 예수의 이름을 부르지는 말라. 부활
신앙을 기롱하지 말라.

부장품조차 남기지 않은 예수의 무덤, 텅 비어 향기만 가
득한 그곳에서 영원에 이르는 길이 시작된다. 비우고 또 비
워 가벼워진 몸에 하나님은 날개를 달아주셨다. 절대의 세
계를 향해 비상하도록. 하지만 우리는 "장사한 지 사흘 만에

죽은 자 가운에서 다시 살아나심을 믿습니다"라고 고백하면
서도 여전히 얼굴을 들지 못한다.

해마다
내가 죽지 못한 부끄러움에
얼굴을 못드는 부활절 아침.

_이해인, 〈부활절 아침〉

하늘에 오르사 전능하신 하나님
우편에 앉아 계시다가

/

1970년대의 젊은이 문화를 이해하기 위한 코드는 청바지, 통기타, 생맥주, 포크송, 장발이었다. 젊음을 주체할 수 없는 세대에게 그 시대는 너무나 암담했다. 불온하지 않은 젊음은 젊음일 수 없다는 김수영의 말을 되뇌이며 우리는 자유를 꿈꿨다. 기존의 것에는 가차 없이 물음표를 붙였다. 이것이 그 암담한 시대를 견디기 위한 젊은이들의 절규였다.

아, 한가지 더. 그때 우리는 리처드 바크의 《갈매기의 꿈》에 열광했다. 선창가와 어선 주위를 돌면서 먹이를 먼저 차지하려고 빽빽 소리 지르고 싸우고, 고기와 빵조각 위에 다이빙을 하는 갈매기 무리를 떠나서 높고 빨리 나는 것을 연습했던 아웃사이더 조나단 리빙스턴에게서 우리는 고독한 자유인의 초상을 보았던 것이다. 감상적 낭만주의라고 매도를 당해도 할 수 없다. 하지만 우리는 진지했다. 그런데 그때 우리는, 아니 나는 이 책에서 노갈매기 '치앙'의 존재를 주목하지 않았다. 질풍노도 시기의 치기 어린 눈에 그는 너무나 이상적인 모습이었기 때문이었는지도 모르겠다. 높고 빨리 날기를 훈련하던 조나단은 어느 날 은빛 날개를 가진 갈매기 치앙을 만난다. 그 노갈매기는 조나단의 염원을 알아채고 그에게 비행술의 비결을 가르쳐준다. "생각처럼 빨리 나는 것, 거기가 어디든지 간에 말야. 너는 이미 도착했음을 앎으로써 시작하지 않으면 안 돼…."

이미 도착했음을 앎으로써 시작한다는 말은 아직 시간과 공간의 지각에 갇혀 있는 조나단이 이해할 수 없는 말이었다. 그래서 노갈매기 치앙은 하늘은 시공을 넘어선 초월의 세계임을 가르쳐준다. "하늘은 장소가 아니고 또 그것은 시간이 아니야. 하늘은 완전하게 되는 거야."

이윽고 치앙은 완전에 이르기 위해 해야 할 일을 가르쳐준다. 먼저 제한된 육체 안에 갇혀 있다고 생각하는 일을 중단하고, 어떤 인위적인 동작도 다 중단할 것. 그리고 그의 진정한 본성이 쓰이지 않은 수數처럼 완벽하게 시공을 동시에 가로질러 어디서나 살아 있음을 알아차릴 것.

《갈매기의 꿈》에 열광했던 20대를 지나 40대 중반에 이른 지금 나는 아웃사이더 조나단의 고독보다는 끝없이 완전을 지향했던 구도자 조나단의 근기에 마음이 끌린다. 그리고 치앙의 가르침, 하늘은 장소가 아니고 시간도 아니고 완전하게 되는 것이라는 말에 공감한다.

언제 어디에나 계신 예수

"하늘에 오르사 전능하신 하나님 우편에 앉아 계시다가…." 무덤에 묻히심이 하강의 이미지라면 하늘에 오르심은 상승의 이미지이다. 예수는 하강과 상승의 통일을 통해 하늘 곧 '완전'에 이르셨다. 성서적 의미에서 하늘은 푸른 창공이나, 북두칠성이나 다른 어느 별자리 근처 어디쯤을 지칭하는 개념일 수 없다. 그렇다고 하여 형언할 수 없는 기쁨이나 행복을 일컫는 것도 아니다. 성서가 말하는 하늘은 '거룩한 하나님이 계신 곳'이다. 따라서 하늘에 오르셨다는 말은 하나님의 현존 안에 오롯이 머물게 되었음을 가리킨다. 하나님의 현존 안에서 예수는 비로소 모든 이의 '주님'이 되셨다.

물론 예수는 시간의 한계를 넘어 영원을 호흡하며 사셨다. 하지만 육체를 지닌 존재로서 예수는 시공의 한계에 갇혀 있었다. 그의 존재는 유대 팔레스타인의 경계를 넘기 어려왔다는 말이다. 지금 여기서 갑순이를 만나 정담을 나누면서, 동시에 100리 밖에 있는 갑돌이와 만나 사업을 의논할 수는 없지 않은가? 실존적으로는 과거와 미래를 통섭할 수 있었을지 모르지만, 그의 삶은 오직 현재의 지평 속에서 영위될 수밖에 없었다. 하지만 하늘에 오르심으로, 곧 하나님의 현존 가운데 머묾으로써, 예수는 어느 때 어느 곳에든지 항상 계실 수 있게 되었다. 지금 여기서 나의 아픈 속내를 헤아리시면서, 서 멀리 코소보 난민의 상처 입은 가슴을 쓸어주실 수 있다.

그런데 여기서 장난스러운 질문이 떠오른다. 왜 하필이면 오른편인가? 왼편은 안 되는가? 성경은 오른쪽을 좋아한다. 부활하신 주님이 디베랴 바다로 제자들을 찾아가셨을 때 밤새도록 빈 그물질에 지친 제자들에게 다시 한 번 그물을 내려보라고 하시며 가리키신 곳도 오른쪽이고, 히브리 시인들이 고통 중에 부르짖으며 하나님의 도우심을 갈구할 때 바라는 것도 하나님의 권능의 오른손이다. 문화적으로나 언어적으로 왼쪽은 불길함을 나타낸다(언어가 갖는 원초적 이데올로기). 왼쪽을 뜻하는 영어 'left'는 기본적으로 '약하다, 가치 없다, 어설프다'는 뜻을 가지고 있고, 오른쪽을 뜻하는 'right'는 '옳다'는 뜻으로 통용된다. 우리말도 마찬가지다. '오른'은

'옳은'에서 나왔고, '왼'은 '그르다'는 뜻의 고어 '외다'에서 나왔다. 그렇게 본다면 예수가 하늘에 올라 하나님 우편에 앉아 계시다는 말은 예수를 주님, 곧 하나님의 권능을 가진 존재로 고백하는 우리에게는 당연한 표현이다. 아무도 이런 표현에 감히 의문을 제기하지 않는다.

하지만 1998년 노벨 문학상을 받은 주제 사라마구는《수도원의 비망록》에서 바스톨로메우 로렌수 신부의 입을 통해 하나님은 한 손밖에 없으실 거라고 말한다. 놀라셨는가? 그런 이야기를 들은 소설의 작중인물 발타자르도 깜짝 놀랐다. 그래서 그는 악마가 장난을 치지 못하도록 재빨리 성호를 그었다. 그러고는 신부에게 하나님이 한 손밖에 없다는 이야기가 성경의 어디에 적혀 있는지 밝혀달라고 부탁한다. 물론 성경에는 어디에도 그런 말은 나오지 않는다. 로렌수 신부는 외팔이인 발타자르에게 이렇게 말한다.

"성경의 그 어디에도 그런 말은 적혀 있지 않아. 다만 하나님은 왼손이 없는 것이 아닐까 하고 내가 한번 생각해보았던 것뿐일세. 왜냐하면 하나님은 항상 오른손을 쓰시고 오른편에만 앉게 하시니까 말이야. 자네 혹시 성경이나 교회 신부들이 쓴 글에서 하나님의 왼손에 대해 언급하는 글귀를 본 적이 있나? 어느 누구도 하나님의 왼편에는 앉아 있지 않아. 그곳은 텅 비어 있기 때문이지. 그것은 공허한 장소라고 할 수 있다네. 아무것도 아닌 곳이지. 그러니까 하나님은 한손잡이라고 할 수밖에."

불경스러워 보이는 로렌수 신부의 말 때문에 상처를 입을 필요는 없다. 이것은 소설이니까. 로렌수 신부는 전쟁터에 나가 한 팔을 잃고 실의에 빠진 발타자르를 자기의 조수로 삼기 위해 이런 말을 했지만, 나는 텅 비어 있는 하나님의 왼편에 대해 생각하지 않을 수 없었다. 전능하신 하나님의 왼편, 그 공허한 그늘이 왠지 눈물겹지 않은가? 하나님의 왼편은 왜 비어 있을까? 하나님이 우리를 위해 비워둔 자리가 아닐까? 약하고, 무가치하고, 어설프기 그지없지만, 그분의 뜻을 온몸으로 살아내려고 애씀을 통해 채워가야 할 우리 몫의 자리가 아닐까?

끝나지 않은 여행

예수는 하늘에 오르셔서 하나님의 우편에 앉아 계신다. 하나님의 우편에 앉으셨다는 말은 예수가 신적인 위엄 가운데 역사에 대한 전권자로 등극하셨음을 가리킨다. 무덤에까지 내려가셨던 이가 하늘 위엄의 자리에 오르는 이 극적인 반전을 고백의 언어 말고 다른 어떤 언어로 표현할 수 있으랴.

지평선 너머로 가뭇없이 사라지는 길을 아득한 시선으로 바라본다. 하늘이 땅으로 스며들고, 땅이 하늘과 하나 되어 한 점을 이루는 곳. 땅의 길은 땅에서 끝나지 않는다. 땅의 길은 하늘로 이어진다.

그분은 항시 하늘을 거닐고 계십니다. 그분이 하늘을 거니시다 빙그레 웃으시면 나도 지상에서 따라 웃습니다. 그분이 구름 속에 숨어 또 빙그레 웃으시면 나도 꽃그늘에 숨어 따라 웃습니다. 지상에 사는 나는 하늘에 계신 그분의 꿈의 일부. 그분이 사색에 잠기어 별밭 별 사이로 거니실 때면 나도 풀잎 이슬만 디디며 시를 생각합니다. 시의 지문이 풀잎 끝에 참담히 빛나고 이슬 안으로 새벽이 빛무늬 깔고 내릴 때면 나는 그 길로 그분을 맞이합니다. 몸은 지상에 있어도 마음은 항시 하늘을 거니는 나는 그분의 꿈의 일부입니다.

_이성선, 〈하늘문을 두드리며 7〉

저리로서 산 자와
죽은 자를 심판하러 오시리라

/

다시 오실 분은 하늘로 올라가신 바로 그분이다. 기독교인
이라면 누구나(?) 오실 주님을 기다린다. '저리로서 오실 주
님.' 여기서 '저리'는 심판자의 직위가 아니다. 이곳에 있는
고백자의 입장에서 먼 곳, 곧 하늘을 가리킨다. 왜 이런 뻔한
소리를 하냐고? 한국의 유명한 어느 소설가가 자신의 잡문
중에 사도신경의 이 대목을 언급하다가 독자들이 '저리'란
말을 모를까 저어하여 친절하게 한자로 토를 달아 설명한
것을 보았기 때문이다. 저리楮李는 갈매나무로 만든 지팡이
를 가지고 심판을 주재하게 될 하늘의 심판자라는 것이다.
웃어야 할지 울어야 할지 모를 일이었다. 그도 고민이 많이
되었던 모양이다. '저리'라는 말에 '어떤 지위나 신분을 가

지고'라는 뜻을 나타내는 부사격 조사 '로서'가 붙어 있으니 그의 착각을 나무랄 수도 없다. 물론 '로서'는 어떤 동작이 '그곳으로부터 시작됨'을 나타내기도 한다. 그 소설가가 하나만 알았지 둘은 몰랐다고도 할 수 있겠다.

하지만 '이리'라는 단어에 이미 저곳에서 이곳으로의 방향성이 전제되어 있는 것처럼, '저리'라는 단어에는 이곳에서 저곳으로의 방향성이 내포되어 있다. 한마디로 '저리'란 말과 '로서'라는 단어는 부조화한 결합이라는 말이다. '거기에서부터'라고 하면 될 것을 '저리로서'라 했으니 이런 착각이 일어났던 것이다. 지방 장로 연수교육에서 있었던 일이다. 강의를 마치고 질문이 있으면 하라고 했더니 한 분이 진지하게 물었다. "주기도문에 보면 '나라이 임하옵시며'라는 구절이 있는데, 여기서 '나라이'라는 말에 어떤 심오한 뜻이 있습니까?" "그건 주격 조사 '은·는·이·가'의 오용 사례겠지요." 하고 대답했더니 그렇다면 그걸 왜 안 고치냐고 따져 물었다. 대답할 말이 없었다. (개역개정판은 이것을 바로잡았고 사도신경 역시 새롭게 번역되었다.)

아무튼 우리는 하늘로 올리우신 주님이 다시 오실 분임을 믿는다. 요한계시록은 예수의 실재를 "이제도 계시고 전에도 계셨고 장차 오실 이"로 고백하고 있다. 그런데 그분의 오심은 산 자와 죽은 자에 대한 심판을 행하기 위해서이다. '심판' 하면 우리는 일단 천국과 지옥을 생각한다. 그만큼 심판이라는 단어는 압도적으로 다가온다. 많은 이들이 심판 날 하나님 앞에 펼쳐져 있을 생명책에 자기 이름이 없을까 염려한다. 그들에게 하나님은 어떤 분일까? 돋보기를 끼고 곰팡내 나는 책을 들여다보며 심술궂은 표정으로 판결을 내리는 무정한 노인일까? 알 수 없다. 하지만 사람들은 자기가 걸어온 삶의 발자취가 낱낱이 기록되어 있다는 생명책 때문에 전전긍긍한다.

한 교인이 내게 물었다. "생명책이 정말 있어요?"

그의 질문 속에는 부끄러운 자기 삶이 낱낱이 드러나게 될지도 모른다는 위기의식이 담겨 있다. 물론 일말의 기대가 없는 것은 아니지만.

"이런 사이버 시대에 웬 책입니까? 병원에 가보세요. 머리카락 한 올만 있으면 우리가 과거에 어떤 병을 앓았는지 건강상태는 어떠했는지 다 알 수 있대요. 몸은 우리 삶의 기록 보관소라 할 수 있어요. 하물며 우리가 있기 전부터 우리를 알고 계셨던 하나님이 겨우 책을 뒤적이며 내 삶을 판단하실 거라 생각해요? 우리의 존재 자체가 삶에 대한 증거요 증언이지요. 책 걱정 그만 하시고 오늘을 아름답게 살 궁리

나 하세요."

"그래도 성경에 생명책이 있다고 했는데요?" 그는 고개를
갸우뚱거렸다.

형벌에 대한 두려움

젊은 신학도 시절 나는 친구들과 대화중에 독신瀆神의 언
사를 서슴지 않았다. 까뮈의 '정오의 사상'에 매료되었던 나
는 예수의 제자이기보다는 프로메테우스의 후예가 되기를
더 좋아했다. 교회가 정해놓은 사유의 한계에 즐겨 머물면
서 신학을 논하는 이들의 유쾌한 지껄임을 "노예의 명랑성"
이라고 폄하하면서 나는 스스로 다짐하듯 말했다. "나의 선
택이 신의 진노를 사 설사 지옥의 고통이 기다리고 있다 해
도 나는 기꺼이 일탈의 길을 걷겠다."

친구들은 그런 나를 걱정스럽게 바라보곤 했다. 내가 이렇
듯 격정적이었던 것은 교회가 지옥 형벌에 대한 두려움을
강조해 교인들을 묶어두려 한다는 혐의를 갖고 있었기 때문
이다. 이런 치기어림조차도 넉넉하게 품어주시는 하나님 덕
분에 나는 지금 목사로 살고 있다.

하나님의 길 앞에 선 사람들

심판은 정말 두려운 현실인가? 그렇다, 하나님을 등지고 걸어간 이들에게는. 아니다, 하나님을 향한 길 위에 서 있는 이들에게는.

반복되는 이야기이지만 오실 주님은 바로 하늘로 올리우신 예수 그리스도시다. 하늘로 올리우셨다고 해서 예수의 구원사역이 끝난 것은 아니다. 예수의 오심은 구원사역의 계속이다. 예수는 가파른 시선으로 우리의 죄를 들추어내 벌을 주기 위해 오시는 것이 아니라, 구원의 길로 이끌기 위해 오신다. 구원을 위한 하나님의 열정을 이해하는 사람에게 심판은 자유의 완성이요, 의의 회복이다. 심판에 대한 믿음은 우리 삶을 위축시키는 요인이 아니다. 오히려 사랑을 향한 우리의 선택은 현실적인 좌절을 넘어 불멸하는 것이며, 진리를 따르기 위해 선택한 고통은 기쁨의 꽃등으로 환하게 빛날 것임을 확신하게 한다.

오실 예수는 이미 오셨던 예수이며 지금도 우리 곁에 와 계신 예수이다. 예수는 누구와 만나도 그들의 실상을 드러내신다. 베드로와 만나 그의 깊은 속에 있던 반석을 드러냈고, 나다나엘 속에서는 '간사한 것이 없는 참 이스라엘'을 드러내셨다. 바리새인들은 그와 만나 자기들 속에 있는 위선의 실체를 볼 수밖에 없었다.

주여, 당신은 나를 내 자신 안으로 돌이키게 하셨습니다. 자신을 살피기가 싫어서 여태 내가 있던 내 등 뒤에서 나를 떼쳐서 바로 내 얼굴 앞에다 나를 세워놓으셨습니다. 얼마나 추하고 일그러지고, 더럽고 때 끼었고, 종기투성이인지 보아라 하시는 것이었습니다.

_아우구스티누스, 《고백록》

성 아우구스티누스의 고백은 바로 우리 모두의 고백이다. 예수 앞에 서면 우리는 추하고 흉한 자신의 실상과 대면하게 된다. 치유가 올바른 진단을 전제로 하는 것처럼, 구원에 대한 목마름은 자기의 실상에 대한 적나라한 깨달음에서 비롯된다. 주님의 현존 앞에서 우리는 스스로 자신의 심판자가 될 수밖에 없다. 하지만 실상의 드러냄으로서의 심판은 파멸에의 선고가 아니라, 구원에의 초대이다. 우리는 거듭거듭 이 초대 앞에서 살고 있다. 물론 그분이 내리실 최종적인 선고가 남아 있다.

"산 자와 죽은 자를 심판하러 오실 주님을 믿는다"는 신앙고백은 그러므로 오늘 우리의 삶을 의미 있게 살 수 있는 바

탕이 된다. 안타까운 것은 '심판' 하면 사람들이 대개 지옥
불을 연상한다는 사실이다. 죄와 허물 속에 살아가는 자기
삶에 대한 불안감 때문이기도 하지만, 많은 종교 지도자들
이 그렇게 가르쳐왔기 때문인지도 모른다.

지옥불을 강조하는 것은 교육적인 목적에서, 선한 삶을 권
장하고, 믿음의 길을 걷도록 하기 위한 뜻도 있지만, 미지의
세계에 대한 사람들의 근원적인 두려움을 이용해 그들을 지
배하려는 나쁜 의도도 없지 않다. 사람들은 기쁨이나 소망
보다는 두려움과 공포에 더 즉각적으로 반응하니까. "좋은
소식은 그것이 나쁜 소식으로 왜곡된 후에야 비로소 대중
시장에서 팔린다"는 노드롭 프라이Northrop Frye의 말은 인간
의 우매함을 단적으로 드러내고 있다.

바로, 거기에서부터

사람은 자기 내부의 리듬에 따라 살아갈 때 아름답다. 그
런데 사람들은 공포와 두려움에 자신의 삶을 유배시키고 산
다. 심지어 사랑조차 의무가 된다. 예배와 기도 그리고 봉사
가 오직 심판을 피하기 위한 몸부림이라면, 그것은 변형된
두려움일 뿐이다.

"원수를 사랑하라." 이 말에 무슨 말을 덧보탤 수 있으랴.

덧보탠다면 이미 사랑이 아니다. 사랑의 의상을 입은 미움일 뿐이다. "배고픈 사람을 먹이고, 목마른 사람에게 물 한 잔 대접하고, 나그네를 환대하고, 헐벗은 사람을 입히고, 병든 사람을 위로하고, 감옥에 갇힌 사람을 찾아보는" 일이 의무감에서라면, 심판에 대한 두려움 때문이라면 인생은 고달프기 한량없는 유배생활에 지나지 않는다. 우리는 기쁜 마음으로 고백한다. 고대하는 마음으로 고백한다. "거기에서부터 산 자와 죽은 자를 심판하러 오실 주님을 믿습니다."

성령을 믿습니다

/

세기말에서 세기초로 이어지는 이 전환기의 화두는 '영성'이다. 바야흐로 '영'의 전성시대라는 말이다. 영성에 관해 말하지 않으면 왠지 시대에 뒤처진 것 같은 분위기이다. 서점이나 전철역에서 서성거리다가 느닷없이 다가와 "도를 아십니까?" 하고 말을 건네는 수상한 젊은이들뿐만 아니라, 최고의 지성을 자랑하는 학자들과 대중예술인들도 영성에 대해 한두 마디쯤 할 줄 알아야 명함이라도 내놓을 수 있게 되었다. 인도와 티베트에 대한 관심이 고조되고, 노자 강의에 사람들이 열광하는 것은 역설적으로 이 시대가 감성적으로, 영적으로 메마르고 척박하고 천박하다는 사실을 증언하고 있다. 사람들은 목이 마르다.

기독교는·지금까지 영의 세계에 관해 아는 것은 오직 우리 뿐이라고 생각해왔다. 서구의 신학이 기독론에 집중됨으로써 '영'이 망각되었다는 자기반성을 하고 있을 때, 이 땅의 많은 부흥사들은 영의 세계를 모르는 신학자들이 한국의 신학을 망치고 있다고 주장하면서, 성령운동에 열중했다.

불고 싶은 곳으로 불어가는 성령의 바람이 하나님의 '큰 종'(?)들이 파놓은 골로만 불어가는지는 모르겠거니와, 나는 솔직히 말해 성령을 받았다는 사람들이 무섭다. 어떤 때는 싫기까지 하다. 성령의 임재 속에 살아가는 사람이 무섭다는 말은 아니다. 자신이 성령을 받았다고 주장하는 사람들의 독선과 배타성과 교만과 위선이 무섭다는 말이다. 나는 고개를 빳빳이 치켜들고 '당신이 영에 관해 무엇을 알겠느냐?'는 투로 사람들을 바라보는 그들의 눈빛을 볼 때마다 섬뜩함을 느낀다.

성령을 받는다는 말은 오해의 소지가 많다. 성령이 야구공도 아닌데 누가 던지고 누가 받는다는 말인가? 하긴 어떤 이들은 소맷자락을 휘날리며 "성령 받으라"고 교인들을 향해 악을 쓰기도 한다. 성령은 어떤 경우에도 인위적인 노력으로 누군가에게 부여될 수도 없고, 조작될 수도 없다. 성령은 바람pneuma이어서 불고 싶은 데로 불 뿐이다. 바람의 실체를 가늠하기 어렵듯이 성령은 실체론적으로 규정하기 어렵다. 사람들은 흔히 성령을 '은사'와 동일시한다. 방언, 예언, 병고침, 통역, 영의 분별, 입신…. 이런 은사들은 말 그대로 은혜 받은 이들에게 주어진 선물이지, 성령 그 자체는 아니다. 우리는 바람이 불 때 흔들리는 나뭇잎과 자욱히 일어나는 먼지를 보고, 혹은 뺨을 어루만지는 차가운 기운을 느끼면서 바람의 존재를 가늠하지 않던가. 근원적으로 '바람'의 속성으로 인식되는 성령은 명사라기보다는 동사이다. 성경에서 하나님의 이름인 야훼가 '그는 ~을 하신다'를 뜻하듯이, 성령도 무언가를 하거나 하게 하신다.

그러면 성령이 하는 일은 무엇인가? 성령은 우리 가운데 임하셔서 그리스도의 현존을 경험하게 한다. "보혜사 곧 아버지께서 내 이름으로 보내실 성령 그가 너희에게 모든 것을 가르치고 내가 너희에게 말한 모든 것을 생각나게 하리라"(요 14:26).

성령은 우리를 진리의 세계로 이끈다. 현실의 고단함에 짓눌려 가물거리고 있는 진리의 불꽃에 기름을 공급한다. 우리 눈과 귀 그리고 마음을 뒤덮고 있는 욕망의 비늘을 벗겨내 그리스도의 말씀을 듣게 한다. 두려움과 절망과 슬픔의 너울을 벗겨 살아 있는 존재가 되게 한다. 한마디로 성령은 우리 속에 예수 그리스도의 마음을 불러일으킨다. 성령이 임한 곳에는 그리스도 사건이 현재화된다. 그래서 무기력한 생명을 일으켜 세우고, 인위적으로 나뉘었던 것을 하나 되게 한다. 영들을 분별하는 시금석은 바로 그리스도의 영이다.

성령의 임재 속에 있는 사람은 예수와 닮은 사람이다. 그의 눈빛이, 말씨가, 몸가짐이, 마음가짐이, 다른 이들을 대하는 태도가 예수와 닮았다면 그는 영의 임재 속에 사는 사람이다. 하지만 많은 은사를 받았다 해도 그에게서 예수를 느낄 수 없다면 그는 유사품이지 정품은 아니다. 많은 사람들이 기氣와 성령의 유사점에 주목한다. 그러나 엄밀히 말해 '기'는 '성령'이 아니다. 물론 나는 '기'에 대해 말할 자격이 없다. 기 수련을 해본 적도 없고, 체계적인 공부를 해본 적도 없으니까. 그러나 한 가지는 안다. 우리가 믿는 것은 그리스도의 인격과 사역 속에 드러난 바로 그 영이지, '기'는 아니다.

성령의 역사하심

여러 해 전 나는 어느 학교의 교목으로 일하고 있었다. 늦은 봄날 오후의 혼곤함에 겨워 연신 하품을 하며 앉아 있는데 나지막한 노크 소리가 들렸다. 문을 열고 들어선 것은 낯선 얼굴의 학생이었다. 주저하는 듯한 아이의 눈에는 벌써 눈물이 서려 있었다. 심상치 않음을 느낀 나는 학생에게 자리를 권하고 커피 끓일 물을 올렸다. 마음을 가다듬을 여유를 주기 위해서였다. 커피 잔을 사이에 놓고 둘은 마주 앉았지만 그의 입은 열리지 않았다. 대신 하염없는 눈물을 흘리고 있었다. "무슨 어려운 일이 있나?"

그 말에 학생은 어렵게 말문을 열었다. 고등학교 3학년인데 이제서야 무엇을 하고 싶은지 비로소 발견했다며 자기는 교사가 되고 싶다 했다. 하지만 나는 교사가 될 자격이 없다고 말했다. 무슨 소린가 싶어 물끄러미 바라보았더니, 그 학생은 비교적 또렷한 목소리로 자기의 죄를 고백했다.

초등학교 4학년이었던 8년 전, 그 학생은 친구 집에 갔다. 그 집은 자그마한 구멍가게를 하고 있었는데, 친구의 어머니가 잠깐 자리를 비우면서 가게를 봐달라고 했다. 물건을 팔고 거스름돈을 주기 위해 금고를 열었다가 아이는 그 속에 들어 있는 동전에 마음이 끌렸다. 소용 때문이 아니라 탐심 때문이었다. 그는 두근거리는 가슴을 진정시켜가며 동전 몇 개를 숨겼다. 이런 일이 몇 차례 반복되었다. 훔친 백 원짜리 동전을 안경집 속에 숨겨놓았는데, 학교에 가서도 불안하기만 했다. 엄마가 방을 치우러 방에 들어갔다가 혹시라도 안경집에 손이 간다면 자기의 도둑질이 발각되리라는 두려움 때문이었다. 결국 아이는 죄책감을 이기지 못하고 집에 돌아오자마자 안경집을 들고 밖으로 나가 인적이 없는 골목길을 돌아다니면서 동전을 다 버렸다. 그러고 나서야 홀가분해졌고, 이후 자기의 죄를 다 잊었다.

그런데 교사가 되어야겠다고 생각하는 순간, 8년 전 자기의 '도둑질'이 비수가 되어 그에게 날아온 것이다. 나는 학생의 이야기를 들으면서 이상한 감동에 전율했다. 마치 하나님이 내 죄를 고백하라고 그 학생을 보낸 것 같았다.

나는 학생에게 이런 취지의 말을 했다. "네가 나를 만나러 온 것은 성령께서 시키신 일이다. 너를 치료하고, 나의 허물을 용서하시기 위해서 말이다. 나도 또한 어린 시절 만화가게에 갈 생각으로 아버지의 주머니를 턴 적이 있다. 그뿐 아니라 살아오면서 얼마나 많은 죄를 저질렀는지 모른다. 미워하고, 속이고, 상처를 입히고, 모독하고…. 그런데도 나는 지금 목사로 그분의 일을 하고 있다. 주님께서 나를 받아주신 것처럼 너도 이미 받아주셨다. 정히 죄책감을 털어버릴 수 없거든 친구의 어머니께 용서를 비는 편지를 보내라."

우리는 함께 울었고, 함께 기도했다. 며칠 후 그 학생은 친구의 어머니로부터 "네가 내 딸의 친구라는 사실이 참 고맙다"는 답장을 받았다고 했다. 나는 그 학생과 나, 그리고 친구의 어머니의 마음을 하나로 이어준 것이 성령의 역사이고, 우리가 경험한 것이야말로 그리스도 사건이라고 확신한다.

우리를 자유케 하는 성령

성령은 포근한 미풍처럼 불어와 우리 속에 진리의 꽃망울을 맺게도 하지만, 때로는 태풍처럼 불어와 우리의 나른한 일상을 뒤엎기도 한다. 그러니 성령은 못난 자아를 꺾기 위해 우리를 세차게 몰아붙이지도 하지만 결코 짓누르지는 않는다. 바울은 "주의 영이 계신 곳에는 자유가 있느니라"(고후 3:17) 했다. 성령은 우리를 자유케 한다. 우리를 짓누르고, 압도하는 모든 무거운 짐들을 벗겨낸다. **"우리는 성령을 믿습니다."**

즐거움에 찬 젊은이여, 이리로 오라.
그리하여 열리는 아침을
새로 태어나는 진리의 이미지를 보라.
의심은 달아났다. 이성의 구름도
어두운 논쟁도, 간계한 속임도 달아났다.
어리석음이란 하나의 끊임없는 미로,

얽힌 뿌리들이 길을 어지럽힌다.

얼마나 많은 이들이 거기에 빠졌던가!

그들은 한 밤내 죽은 자들의 뼈 위에 걸려 넘어져,

근심밖에 아무것도 모르면서,

다른 사람들을 인도하려고 한다. 그들이야말로

인도를 받아야 할 것이면서도.

_윌리엄 블레이크, 〈옛 시인의 목소리〉

거룩한 공회와,
성도가 서로 교통하는 것을 믿습니다

/

며칠 전 한 어여쁜 청년이 허브 화분을 하나 가져왔다. 나는 그것을 책상 위에 올려놓고 가끔 물도 주고, 대화도 하면서 지냈다. 그런데 햇살 좋은 어느 날 오후 말끄러미 그 화분을 바라보다가 깜짝 놀랐다. 골든레몬타임(허브의 이름이다)은 햇빛을 향해 일제히 고개를 돌리고 있었던 것이다. 햇빛을 향한 이 간절한 몸짓을 보면서 나는 24년 전 어느 날을 떠올렸다.

 1976년 2월의 어느 늦은 오후, 흑석동의 유수지 강물에 해그림자가 붉게 물들고 있었다. 난간에 기대선 채 그 평화롭고도 고적한 광경을 물끄러미 바라보던 나는 불현듯 죽고 싶다는 생각을 했다. 일터에서 겪었던 비인간적인 대우, 직장을 그만두고 나와 입시에 매달렸던 날들, 그리고 실패, 중

첩되는 가정적인 어려움, 전망조차 없는 삶은 너절하기 이를 데 없었다.

내가 설 땅은 아무 데도 없었다. 죽음만이 출구가 아닐까? 어쩌겠는가. 낭만과 감상이 구별되지 않고, 세상의 눈물보다는 나의 눈물에 더 민감한 나이였으니. 비극으로 각색된 내 감정이 유수지 강물에 사선으로 흐르는 햇살에 두둥실 떠다니고 있을 때, 나는 들었다. "뎅 뎅 뎅…." 리듬을 타고 들려오는 소리는 교회 종소리였다.

이상하게 눈물이 났다. 한 번도 가본 적이 없고, 가볼 생각도 없었던 그곳, 그 낯선 곳, 내게는 이방이나 다름없는 그곳에서 울려오는 소리가 왜 내 가슴을 그리도 사로잡았는지 지금도 나는 알지 못한다.

그때 마침 어머니가 내 곁을 지나가고 계셨다. 어머니는 언제나 예배 시작 한 시간 쯤 전에 교회에 가시곤 했던 것이다. 나는 그때 한 번도 생각해보지 않은 말을 했다. "어머니, 저도 교회 한번 가볼까요?"

어머니는 내 기색을 가만히 살피시다가 심상하게 말씀하셨다. "그러려무나."

그래서 나는 교회에 갔다. 그리고 교회는 나의 집이 되었다.

예수로 인해 자유롭고 넉넉한 삶

문밖에서 떠돌던 나, 설 땅이 없어서 죽음을 생각하던 나에게 교회는 '문 안'이었고, '설 땅'이었다. 그 땅에서 나는 좋은 사람들을 많이 만났다. 언제나 선선한 웃음으로 고달픈 이들의 마음을 어루만지던 이, 세속적인 성공과 관계없이 자유롭기 그지없는 실존의 모습을 보여준 이, 배우지 못했으나 한없이 고요했던 이… 그들이 살아가는 모습은 내게는 그저 선경 仙境이었다. 젊은 날의 치기 속에서도 나는 나의 설 땅이 되어준 그 사람들의 내면을 살폈다. '저들 속에 무엇이 있기에 저토록 넉넉하고 자유롭고 고요한가?'

예수, 바로 그분이었다. 김기창 화백의 그림 〈해를 삼킨 닭〉처럼 그들은 가슴에 예수를 품고 있었던 것이다. 나는 그들을 통해 예수와 만났다. 그래서 나는 힘주어서 고백한다.

"거룩한 공회를 믿습니다."

어른들이 "우리를 죄악 된 저 세상에서 부르셔서 구원의 방주에 들게 하시니 감사합니다" 하고 기도할 때도 그 낯선 표현이 일으키는 정서적 이물감에 울렁이면서도 나는 아멘으로 화답하는 데 인색하지 않았다. 나도 '우리' 속에 포함되어 있었기 때문이다.

하지만 첫사랑의 안개가 걷힌 후 내가 본 교회의 현실은 처참했다. 사람들이 입고 있는 경건의 의상을 한 겹만 벗겨 보면 후줄근한 인간의 이기와 탐욕이 고스란히 드러났다. 관광지의 이면 도로를 걷는 것처럼, 아니, 서울의 새벽 거리를 걷는 것처럼 욕지기가 났다. '거룩함의 열망' 그것이 과연 교회에 있는가? 물론 '거룩함'은 교회가 추구하는 방향이지 실체가 아님을 안다. 하지만 교회는 적어도 '거룩함에 대한 열망'의 시간적 가시태여야 하지 않을까? 하지만 사람들은 오늘의 교회에서 생명의 향기보다는 부패의 악취를 맡는다. 우리는 그렇지 않다고, 다 그런 것은 아니라고 항변해보아야 소용없다.

옷 로비 사건에 연루된 여인들이 저마다 하나님의 이름으로 자신들의 결백을 주장하더니, 백두사업에 연루된 전직 장관은 모 수도원에서 기자들과 만나 로비스트인 미모의 여성과 부적절한 관계가 있었다고 시인했다. 어느 큰 교회에서는 아들을 후계자로 세우는 문제 때문에 해결사까지 동원되었고, 매스컴의 집중 조명을 받기도 했다. 하지만 이런 일은 과거사가 아니다. 현재진행형이다. 높은 자리에 올라서기 위해 다른 이를 모함하고 헐뜯는 일은 다반사이고, 돈으로 표를 사는 일도 있다 하니 이게 과연 거룩한 교회에서 일어날 수 있는 일인가? 분명히 말해두자. 그것은 인간의 교회

일는지는 몰라도 '거룩한 교회'는 아니다.

나는 한국 교회를 증오합니다

1983년 부활절을 앞둔 어느 날 성공회 대강당은 한 신학자의 열정적인 강연으로 뜨겁게 달아오르고 있었다. 그런데 높은 톤으로 원고를 읽어나가던 그는 갑자기 말을 뚝 끊고 청중들을 바라보았다. 이 느닷없는 포즈에 청중들은 긴장한 채 그를 바라보았고, 잠시 후 그는 스타카토 식으로 단호하게 말했다. "나는 한국 교회를 증오합니다."

청중들은 그 뜻밖의 말에 놀라 깊은 침묵에 빠졌다. 얼마 후 그는 한숨을 내쉬듯 말을 이었다. "그것은 너무나 사랑하기 때문입니다."

사랑하기 때문에 증오할 수밖에 없는 이 기가 막힌, 그리고 심란한 애증愛憎의 표현에서 나는 "너희는 내 아버지의 집을 강도의 굴혈로 만들었다"고 외쳤던 예수님의 음성을 들었다. 그리고 그 외침 속에 담겨 있는 눈물도 보았다. 불의에 대해 침묵하고, 약자의 신음에 귀를 막고 사는 교회, 신음하는 나사로를 하나의 풍경인 양 문가에 방치하고 부자가 되어가고 있는 교회, 하나님을 사랑하고 인간을 사랑했기에 흘릴 수밖에 없었던 예수의 뜨거운 피가 딱딱한 교리의 화

석이 되어버린 교회, 하나님에 대해서 아는 것보다 모르는
것이 더 많음을 인정하지 못하는 교회에 대한 착잡한 애증
이 그의 외침 속에 담겨 있었던 것이다.

거룩에 대한 열망

증거궤 앞의 휘장 밖에 켜두는 등불이 꺼져서는 안 되는
것처럼(출 27:20-21) 거룩에 대한 열망은 한 순간도 포기할 수
없는 교회의 본질이다. 그런데 '거룩의 길'은 덧보탬의 길이
아니라 덜어냄의 길이다.

자꾸자꾸 덜어내 가난해지고 소박해지고 하나에 가까워
질 때 교회는 산 위에 있는 동네처럼 빛을 발하게 된다. 값진
진주를 발견한 상인이 자신의 모든 것을 팔아 그 진주를 사
는 것처럼, 하나를 위해 모든 것을 포기할 수 있을 때 교회는
비로소 거룩한 그리스도의 교회가 된다. 크기에 대한 열망
이 거룩에의 표지가 되려는 열망을 압도할 때, 그래서 자본
주의적 논리가 고스란히 교회를 지배할 때 하나님은 눈물을
머금고 촛대를 다른 곳으로 옮기시지 않을까?

거룩에 대한 열망이 깊을수록 사람들은 자기들의 무능을
아파한다. "오호라 나는 곤고한 사람이로다. 이 사망의 몸에
서 누가 나를 건져내랴"(롬 7:24). 바울의 이 고백을 거룩에 대

한 열망이 없는 사람은 이해할 수 없다. 교회는 성령의 능력 안에서 예수님이 보여주신 사랑과 이해와 조화의 삶을 배우고 익히는 도량이다. 그 속에서 우리는 개별적 자아의 한계를 넘어 더 큰 진리의 세계로 나아가는 것이다.

교회는 길 위에 있다. 거듭거듭 자아를 부정하고 더 큰 생명을 입으려는 열망이 교회를 앞으로 나아가게 한다. 세상에는 참 많은 교회가 있다. 하지만 교회는 하나One이다. "몸이 하나요 성령도 한 분이시니 이와 같이 너희가 부르심의 한 소망 안에서 부르심을 받았느니라"(엡 4:4).

교회는 하나의 소명이다. 부족한 부분은 서로 채워주고, 진리의 숫돌이 되어 서로의 군더더기를 깎아내라는. 본회퍼의 말처럼 우리는 "구원의 말씀의 담지자와 선포자로서의 동료들을 필요로 한다."

성도가 서로 교통하는 것을 믿습니다

교회 안에서 일어나는 성도의 사귐은 예수 그리스도를 매개로 한 사귐이어야 한다. 일등이 아니면 살아남을 수 없다는 살벌한 구호가 우리의 의식을 옭죄는 이 무한 경쟁 시대에 서로의 허물과 부족함을 사랑으로 덮어주고, 진리 안에서 살아가도록 용기를 북돋워주는 공동체가 있다는 사실은 얼마나 큰 축복인가. 그것이 설사 인간적인 욕망에 의해 얼룩졌다 해도 말이다. 하지만 서두를 필요는 없다. 하나님은 모순투성이인 현실의 교회를 통해서도 당신의 일을 하고 계시니 말이다. 물론 하나님께는 우리 말고도 다른 종들이 있다는 사실을 항상 인정해야 하지만 말이다.

이십여 년 전 나는 문밖에서 문 안으로 들어온 것에 감격했었고, 지금까지도 나는 여전히 문 안에 머물고 있다. 하지만 하나님이 우리의 문밖에서 서성거리고 계신 것은 아닌지 두려울 뿐이다. 교회가 거룩을 지향하는 공동체로, 상처 입은 존재를 감싸 안는 품으로, 사랑과 이해와 조화로운 삶의 모델로, 그리고 하나님의 싸움에 동참하는 전위대로 날마다 탈바꿈하기를 바라는 것은 우리만의 희망 사항일까?

죄를 사하여 주시는 것을
믿습니다

/

아담과 하와가 달콤한 과즙이 흐르는 열매를 따 먹은 이후
사람이 하는 모든 일에는 죄의 그림자가 드리워 있다. 인정
하기 싫지만 사실이다. 인생은 유혹인데 유혹을 견디어낼
힘이 우리에겐 늘 부족하다. 그래서 유혹에 넘어가고, 잠시
후에는 회오悔悟에 잠긴다. 하지만 또 다른 유혹이 다가오면
속절없이 넘어가고 만다. 찢길 대로 찢긴 세상을 바라보며
"세상 사람이 다 나 같았으면…" 하고 탄식하다가도 말꼬리
를 흐리는 까닭은 세상의 어둠이 나의 어둠과 무관하지 않
음을 자각하기 때문이다.

　진리의 길은 한사코 피하면서 허망한 일들에 대해서는 생
래의 기호를 가지고 있는 내 실상을 알기에 "모든 사람이 죄

를 범하였으매 하나님의 영광에 이르지 못하더니"(롬 3:23) 하
는 바울의 고백을 인정하지 않을 수 없다.

인류는 사랑하나 너는 사랑 못 해

'죄인'이라는 단어 속에는 우리의 감정을 거스르는 뭔가
가 있다. 하나님 앞에서든 사람 앞에서든 스스로 죄인 됨을
인정한다는 것은 여간한 용기가 아니다. 자기의 실상을 '보
는 자'만이 자기가 죄인임을 안다. 하지만 남의 허물은 기가
막히게 보는 사람도 자신의 허물은 보지 않으려 한다. 기독교
인들은 '죄인'이라는 단어를 일상적으로 사용하지만 정작 자
신의 죄의 깊이를 깨닫고 아파하는 이는 많지 않다. 죄에 이
끌리는 인간의 보편적인 성향은 인정하지만 나의 죄성만은
한사코 보려 하지 않기 때문이다. 온 인류는 사랑하지만 가까
이 있는 구체적인 이웃은 사랑하지 못하는 것처럼 말이다.

부엌에서 상추를 씻던 아내가 "어머" 하며 탄성을 지른다.
무심히 하던 일을 계속하고 있는 내 눈앞에 아내는 접시 하
나를 내민다. 접시 위에는 조그마한 달팽이 한 마리가 기어
가고 있다. 접시 가장자리에 이르더니 한껏 머리를 내밀어
주변을 살핀다. 마치 '여기가 어디야?' 하듯이. 그 모습이
안쓰럽다. 접시를 들고 마당가 풀밭으로 나가는 아내의 뒷

모습을 보면서 혼잣소리로 말한다.

'여기가 어디야? 나는 어디에 있는 거지? 누군가 내가 있어야 할 곳으로 나를 옮겨주면 얼마나 좋을까?'

등에 무거운 짐을 지고 온몸으로 길을 찾는 달팽이를 보면서 엉뚱하게도 나는 롤랑 조페 감독의 영화 〈미션〉의 로드리고 멘도사를 떠올렸다. 그는 피도 눈물도 없는 용병으로, 노예 상인으로 살다가 우발적으로 동생을 죽이고 수도원에 칩거한 채 세상과 담을 쌓는다.

그가 수도원의 깊은 담장 속에서 본 것은 무엇이었을까? 아마 자기 삶의 실상이었으리라. 거미줄에 걸린 나비처럼 그는 부정할 수 없는 과거에 매여 옴짝달싹도 하지 못한다. 원주민들에게 복음을 전하던 신부가 찾아오기 전까지는. 신부는 그를 가리켜 "세상에서 달아나 숨으려는 겁쟁이"라고 하며, 그를 자기 칩거의 동굴에서 이끌어내려 한다.

"그 정도요? 그렇게 비굴하게 살 겁니까?"

"다른 방법이 없어요."

"삶이 있소."

"삶이란 없소."

"용서받을 길이 있소, 멘도사."

"난 용서받을 수 없소."

"하나님이 주신 자유를 가지고 당신은 범죄를 택했소. 이제 속
죄의 길을 택할 용기는 없는 겁니까?"

"내게 충분한 속죄는 없어요."

"그래도 해보시지 않겠소?"

"해보겠느냐고요? 실패하더라도 지켜보시겠소?"

마침내 로드리고는 속죄의 길을 택할 용기를 낸다. 죄인이
란 과녁을 빗나간 존재란다. 있어야 할 자리에 있지 않은 존
재 말이다. 로드리고의 길 찾기는 처절하다. 그는 노예 상인
시절의 모든 물건들을 그물 속에 담아 밧줄에 매어 온몸으
로 끌면서 끈다. '罪'라는 한자가 '그물'을 뜻하는 망㓁과
'아닐 비非'의 조합으로 이루어졌다는 사실을 생각해볼 때,
'로드리고의 그물'은 실상 극복되어야 할 자기의 과거요, 죄
의 무게이다. 그 짐은 어느 누구도 대신 감당할 수 없는 그만
의 짐이다.

죽을 고비를 여러 차례 넘기며 당도한 과라니 마을에서 목
에 칼을 들이대는 부족장 앞에서 눈을 감고 있는 것은 무력
함 때문이 아니다. 그는 내맡겨진 존재다. 자포자기가 아니
라, 삶과 죽음의 문지방에서 그는 하나의 부름을 기다린다.

로드리고의 변화된 모습을 확인한 원주민 하나가 그의 몸에 묶은 밧줄을 자르고, 그 짐을 폭포 아래로 굴러 내렸을 때, 멘도사는 울음 같기도 하고 웃음 같기도 한 기묘한 울음을 터뜨린다. 그 울음은 해방된 자의, 마침내 자기 길을 찾은 자의, 받아들여짐을 체험한 자의 울음이다. 화석처럼 굳어 있던 그의 얼굴에 표정이 돌아온 그 순간은 거듭남의 순간이었다. 로드리고가 속죄의 길을 택했을 때 하나님은 그를 이미 받으셨지만, 원주민에 의해 받아들여졌을 때 그는 비로소 해방을 경험했다.

그분의 용서를 믿어라

우리는 죄를 용서해주시는 하나님의 사랑을 믿는다. 용서는 하나님의 본질이다. 용서하시려는 하나님의 사랑을 무력하게 할 만한 죄는 없다. 죄가 가볍다는 말이 아니다. 모든 죄는 무겁다. 세상에서 저질러진 모든 죄는 하나님께 저지른 죄이기 때문이다. 우리는 '전능하신 창조주 하나님'을 믿는다고 고백한다. 이 말은 이 세상에 있는 모든 것들이 하나님 안에서 나와 관련되어 있다는 고백이다. 그렇다면 우리가 이웃에게 저지르는 잘못도, 피조물에게 저지르는 잘못도, 자기 자신에게 저지르는 잘못도 다 하나님께 상처를 입히는 행위가 아닐 수 없다.

아무리 부정하려 해도 우리는 죄의 상황 속에 살고 있다. 죄는 누구도 벗어날 수 없을 만큼 튼튼한 밧줄로 우리를 옭 아매 제멋대로 끌고 간다. 우리는 자유가 없다. 죄로부터 해 방되기 위해 지불하는 어떤 대가도 넉넉하지 않다. 충분한 속죄는 없다. 그래서 바울은 "오호라 나는 곤고한 사람이로 다. 이 사망의 몸에서 누가 나를 건져 내랴"(롬 7:24) 하고 탄 식했는지도 모른다. 죄의 용서는 배상이나 보상으로는 얻을 수 없다. 오직 용서하시려는 하나님의 사랑에 귀의하는 수 밖에 없다. 예수 그리스도를 통하여 열린 용서의 문은 들어 서는 이에게만 열린다. 하나님은 예수 그리스도를 통해 우 리의 고뇌 속으로 들어오시고, 우리의 죄의 짐을 떠맡으시 고, 그것을 제거해주신다.

"죄를 사하여 주시는 것을 믿습니다."

현재를 살아내는 삶

이 고백은 과거에 매였던 삶을 해방하여 새로운 미래를 향 하도록 한다. 용서함 받은 자의 삶은 미래의 빛 가운데 정초 한 삶이다. 미래에 근거한 삶은 부유浮游하는 삶이 아니라, 현재를 온전하게 살아내는 힘찬 삶이다.

하지만 고뇌와 아픔, 자각과 자기 응시가 없는 용서는 용서가 아니다. 용서하는 이는 있을지 몰라도 용서받는 자는 없기 때문이다.

사람들은 죄의 짐을 내려놓기 위해 신을 찾는다. 그리하고는 돌아서서 똑같은 죄를 저지른다. 교회를 자동세탁기에 비유한 어느 시인의 은유는 아프지만 우리의 현실을 꿰뚫고 있다. 더럽혀진 몸과 마음을 던져 넣기만 하면 깨끗하게 빨아주는 곳, 교회는 그린 곳인가? 아니다, 그럴 수 없다. 물론 하나님께 용서받기 위해 우리가 지불할 대가는 없다. 하지만 죄를 심각하게 생각하고, 죄로 얽힌 모든 관계를 풀어내기 위한 치열한 노력 없이는 사죄함 받은 자의 행복을 알 수 없다. 형제의 피가 흘러내린 땅, 자매의 눈물이 흘러내린 땅, 그곳으로 돌아가 무릎을 꿇을 때 하나님의 용서는 값없이 다가온다.

아, 오늘 삶의 길을 열기 위해 자기 죄의 짐을 지고 이구아수 폭포를 거슬러 오르던 로드리고 멘도사는 어디 있는가? 울음 같기도 하고 웃음 같기도 한 그 기묘한 울음을 우는 자는 어디 있는가? 사람과 사람 사이에 얽힌 문제를 풀기 위해서는 하나님께로도 가야 하지만, 죄의 현장으로 돌아가 형제의 용서를 구해야 함을 아는 자는 어디 있는가? 용서를 구하기 위해 몸을 낮추고, 용서하기 위해 마음을 여는 그곳에 하나님도 함께하신다. 죄를 용서하시기 위해.

상추에 붙어 내 집을 찾아왔던 그 달팽이는 어디로 갔을까? 길을 제대로 찾고 있을까?

몸이 다시 사는 것을 믿습니다

/

몸처럼 서러운 것이 세상에 또 있을까? 추위와 더위에 시달리고, 배고픔에 허덕이며, 폭력과 고문에 의해 찢기고 상하는 몸, 성적 욕망에 사로잡히고 때로는 성적 착취의 대상이 되기도 하는 몸, 질병으로 무력하게 되고 뒤틀리기도 하는 몸, 해가 갈수록 약해지고 쭈글쭈글해지는 몸. 물론 존재만으로도 사람들의 눈을 사로잡는 아름다운 몸이 있다. 하지만 그 속에는 이미 소멸하는 존재의 덧없음이 숨어 있다.

몸을 받아 이 세상에 태어나고 또 살아간다는 것은 이래저래 힘겨운 일이다. 자기가 태어난 날을 저주하고 모태에서부터 죽어 나오지 않은 것을 안타까워하는 욥의 경우는 극단적인 예라 하겠지만 사람은 누구나 자기 한 몸을 주체하지 못한다. 조금만 괴로워도 부모의 관심이 오로지 자기에게 집중되기를 바라는 아이처럼 몸은 응석받이다. 몸은 단순히 영혼을 담는 그릇이 아니다. 몸 없는 마음은 없다. 설사 있다 해도 우리로서는 알 길이 없다. 몸이 없다면 죄도 없을 것이다. 죄의 유혹은 항상 몸을 매개로 해서 오지 않던가?

그래서인지 몸은 힘이 세다. 마음을 제멋대로 끌고 다닌다. 대개 사람들은 몸을 거추장스러워하면서도 몸이 요구하는 것은 무엇이든 기꺼이 응하려 한다. 성 프란체스코는 몸이라는 고집 센 당나귀가 문제라고 했다. 과연 그렇다. 기쁨과 노여움, 슬픔과 즐거움의 뿌리인 몸, 이게 문제다. 아니, 문제이면서 복이다. 소멸하는 몸 때문에 우리는 안간힘을 다해 오늘을 산다.

축복인가, 재앙인가

빔 벤더스의 영화 〈베를린 천사의 시〉에는 사람이 되고 싶어 하는 천사가 나온다. 인간의 삶을 관찰하고, 그들이 하는 마음속의 말들을 듣고 기록하는 것이 그의 사명이다. 갈등과 번민에 잠긴 채 가혹한 생의 조건을 견디어 나가는 사람들이 불쌍해 보이지만, 어느 사이에 천사 카이겔은 그런 시간 속의 풍경에 동화되고 만다. 슬퍼하고, 번민하고, 눈물 흘리지만 다음 순간 사소한 일에도 기뻐하는 인간을 동경하는 것이다. 카이겔은 인간이 되기 원한다. 흑백 화면 속에 갇혀 있던 카이겔이 인간이 되는 순간, 천사의 갑옷에 베인 손에서 빨간 피가 흐른다. 마침내 그는 인간이 된 것이다. 그가 지은 묘한 표정이라니. 인간이 된다는 것, 그것은 덧없는 시간 속으로의 진입이고, 시간 속의 존재는 몸을 매개로 해서 살아간다. 시간 속에 갇힌 몸, 그것은 행복의 뿌리이자 불행의 원천이다.

몸속에는 우주의 신비가 숨어 있다. 31억 개나 되는 인간 유전자 지도를 작정하는 야심찬 게놈 프로젝트가 어느 정도 완성되자 미국의 대통령 클린턴은 "오늘 우리는 신이 인간을 창조한 과정을 연구, 이해하는 단계에 접어들었다"고 선언했다. 신의 암호를 해독했다는 것이다.

인간은 과연 위대하다. 유전자 지도를 통해 질병과 노화 치료의 길이 열릴 것이라 한다. 하지만 인종적·도덕적·법적인 어려운 문제도 낳게 될 것이다. 심약한 탓인지, 믿음이 없기 때문인지 나는 사람들의 자화자찬을 들으면서 이명증처럼 울려나는 소리를 듣는다. "이제 그들은, 하고자 하는 것은 무엇이든지, 하지 못할 일이 없을 것이다(창 11:6, 새번역).

하나님의 암호를 해독한다는 것, 그것은 축복인가, 재앙인가? 이 물음에 대한 답은 우리가 선택해야 할 몫이다. 이스라엘 백성 앞에 축복의 그리심 산과 저주의 에발 산이 우뚝 서 있었던 것을 기억한다. 어느 산에 오를 것인지는 우리의 선택이다.

생명을 싹틔우는 예수의 몸

몸이 다시 사는 것을 믿는다는 고백은 이제 신앙인들만의 고백이 아니다. 과학자들은 열렬하게 이 신앙을 고백한다. 기술복제 시대에는 모든 것이 일관된 공정 아래 대량 생산되고 대량 소비된다. 예술작품도 비슷한 운명이다. 그래서 예술작품의 유일무이성은 사라지고 있다. 생명도 마찬가지이다. 생명 자체를 만들어낼 수는 없지만 체세포만 있으면 무엇이든 복제할 수 있다고 과학자들은 믿는다. 몸이 다시 산다는 것은 이제 과학적으로 가능한 것으로 보인다.

그런데 여기서 묻지 않을 수 없다. 복제된 나의 분신은 '나'인가, 나의 '이미지'인가? 누군가가 나를 원자 단위로 다 분해한 후에 그것을 정교하게 재결합했다고 할 때 (단 1분 안에 결합이 완료되었다 해도) 그 존재는 나인가, 아닌가? 과학의 진보는 몸이 다시 사는 것을 믿는다는 신앙고백을 무의미한 것으로 만드는가?

많은 사람들이 몸의 부활을 믿는다고 고백한다. 그러나 그게 어떤 몸이냐고 물으면 대답을 망설인다. 성경에 나와 있는 대로 '신령한 몸'이라고 대답하는 이들도 있다.

사실 몸의 부활을 소망하는 이들의 사고 속에는 현재의 삶에 대한 미련이 담겨 있는 경우가 많다. 욕망에 시달리면서도 그 욕망을 벗어버리려 하지 않는 것이 사람이다. '어서 죽어야지' 하는 노인의 거짓말에 속았다가는 낭패를 보게 마련이다. 팔은 떨리고, 두 다리는 약해지고, 치아는 빠져서 씹지 못하고, 눈은 침침해져서 보는 것마저 힘들고, 귀는 먹어 바깥에서 나는 소리를 분별하지 못할 때(전 12:3-4), 비애감에 사로잡혀 살아 있음을 버겁게 여길 수는 있지만, 그렇다고 해서 죽음을 고대하는 것은 아니다. '어서 죽어야지' 하는 말은 사실은 건강하던 때에 대한 그리움을 반어적으로 표현한 것일 뿐이다. '개똥밭에 뒹굴어도 이승이 좋다'는 말은 몸 가진 존재들이 느끼는 소멸에 대한 공포를 해학적으로 드러낸 것이다.

중요한 것은 이것이다. 몸이 다시 산다는 고백은 예수 그리스도의 삶과 죽으심과 관련짓지 않고는 무의미하다. 몸의 부활에 대한 신앙고백은 형이상학적인 혹은 인간학적인 진리에 대한 것이 아니다. 세상을 거슬러 하나님의 뜻에 따라 살다가 죽임을 당한 예수의 몸, 가시면류관에 찢기고, 못이 박히고, 창에 찔린 그 몸은 영혼이 일시적으로 머무는 처소가 아니다. 바로 그 몸이야말로 부활의 생명이 싹터 나오는 거룩한 터전이다. 예수의 고난과 관계없는 몸의 부활은 없다. 예수의 부활은 우리가 몸을 가지고 살아가는 일상의 삶이야말로 영원한 생명을 키우는 자궁임을 가리키고 있다. 하늘과 땅이 맞닿은 지평선처럼 예수의 십자가는 시간과 영원이 만나 하나가 되는 곳이다.

삶으로 번역되는 신앙고백

그러나 사람들은 예수가 그것을 위해 생명을 걸었던 일들을 한사코 외면하면서도, 오직 믿는다는 사실 하나만 내세우면서 예수의 부활에 동참하기를 원한다. 예수는 우리가 이 땅에 사는 동안 마음껏 육체의 요구에 응답하며 살면서도 소멸에 대한 공포를 물리치도록 해주는 부적인가? 아니다, 아니다. 몸의 부활을 믿는 사람은 삶 전체를 하나님이 거하실 만한 처소로 내드리는 사람이다. 몸의 부활을 믿는다는 것은 예수께서 죽음을 마다하지 않고 걸어간 그 길의 끝에 하나님이 계심을 믿는 것이며, 인위적으로 가로막힌 생명을 하나님이 받아 안아 온전케 하심을 믿는 것이며, 죽음의 지배권이 예수에 의해 폐기되었음을 믿으면서, 오늘은 예수처럼 살아가는 것이다.

따라서 이 고백은 입으로 하는 것이 아니다. 몸 전체로 해야 한다. 삶으로 번역되지 않은 신앙고백은 무의미하다. 로흐만의 말은 참으로 적확하다. "기독교인은 죽음의 그늘에서 살지만, 죽음을 믿지 않는다. 그는 육의 부활을 믿는다."

> 내가 살아 있고, 내가 나쁘냐는 걸
> 모두들 압니다. 그렇지만
> 그 시작이나 끝은 모르지요.
> 어쨌든, 나는 신이
> 아픈 날 태어났습니다.
> _세사르 바예호, 〈같은 이야기〉

우리는 신이 아픈 날, 곧 예수께서 십자가에 못박히신 바로 그날 태어났다. 기독교인으로 살아간다는 것은 그 '신의 상처'를 함께 아파하는 것이다. 아파함은 마음의 문제만이 아니다. 신의 상처를 함께 아파하는 이들은 그 상처를 치유하기 위해 노력한다. 그 상처를 치유하기 위한 길르앗의 향유는 다름 아닌 사랑이다. 죽음보다도 강한 사랑 말이다. 사

랑하지 않고, 함께 아파하지 않고, 몸의 부활을 믿는다는 것
은 희언戱言이다.

몸이 다시 사는 것을 믿는다고 고백하는 것은 전투태세를
갖추는 일이다. 물론 증오의 전투가 아니라, 사랑의 전투이
다. 사랑의 무기는 우리를 기쁘게도 하고 슬프게도 하는 몸,
절망의 뿌리인 동시에 희망의 원천이기도 한 몸이다. 우리
는 몸으로 영원을 바라본다. 생이 괴롭고 힘겨워도 우리는
살아야 한다. 몸을 성전 삼아, 몸에 하늘을 품고.

영원히 사는 것을 믿습니다

/

한번은 쿠마에서 나도 그 무녀가 조롱 속에 매달려 있는 것을 직접 보았지요.

아이들이 "무녀야 넌 뭘 원하니?" 물었을 때 그녀는 대답했지요.

"죽고 싶어."

엘리어트의 시 〈황무지〉의 제사題詞이다. 이 글을 처음 읽었을 때 나는 죽음에 대한 전망도 없이 사는 그 무녀의 절망감에 지쳐 마음이 울가망하였다. 무녀의 점치는 능력을 가상히 여긴 아폴로 신이 한 가지 소원을 들어주겠다고 했을 때 그는 손 안에 든 먼지만큼 많은 햇수를 살게 해달라고 했다. 시작과 끝이 분명한 인생길에서 한 걸음쯤 비껴나 살고 싫었던 것이다. 그러면 불안이 잘까? 그때 무녀의 생은 절정이었다. 하지만 한 가지 잊은 게 있다. 그만큼의 젊음도 달라는 부탁을 하지 못한 것이다. 세월과 더불어 무녀는 늙었고 점점 쪼그라들어 조롱 속에 갇힌 채 아이들의 놀림감이 되고 말았다. 이제 무녀의 소원은 죽는 것이다. 하지만 죽을 수 없다. 죽음도 삶의 과정임을 알지 못한 죄 때문에 죽음으로부터 절연된 삶의 고통 속에 유배되어 있는 것이다. 무녀에게 살아 있음은 복이 아니라, 저주이다. 방부처리된 음식이 썩지 않는 것처럼, 무녀는 스스로 선택한 생의 황무지에서 한 순간도 시간의 권태와 공포를 잊지 못한 채 죽기를 소원할 뿐이다. 황무지, 바로 그것이다.

죽음을 맞이하는 법

언젠가 오봉산 오솔길을 함께 걷던 후배와 나눈 대화가 생각난다.

"형은 죽음의 사자가 느닷없이 찾아와 함께 가자고 하면 어떻게 하시겠어요?"

"별 수 있나. 함께 가야지."

"그렇게 느긋하게 죽음을 맞을 수 있을까요? 난 저항할 것 같은

데요. '나는 아직 하지 못한 일이 있어. 내게 시간을 줘' 하면서 말이에요."

"글쎄, 난 그다지 완성하고 싶은 일이 없어서인가, 별 애착이 안 생기네."

"형이 좋아하는 니코스 카잔차키스는 베르그송의 말을 빌려 이야기했잖아요. 자기는 거리에 나가 지나가는 사람들을 붙잡고 15분씩만 적선해달라고 하겠다고요."

"그래 그랬지. 하지만 나는 시간을 연장해도 더 잘 살 자신이 없어. 물론 지금이 만족스럽다는 것은 아니지만, 끝을 생각하지 못하고 세월을 허송했다면 느닷없는 죽음은 내 삶에 대한 심판일 거야. 유감없어. 책임져야지. 가족들이 염려되기는 하지만 나 없이 사는 게 그들의 몫이라면 그들은 감당할 수 있을 거야."

지금도 이런 입장에서 많이 달라지지는 않았지만 죽음의 심연에서 삶을 한 방울씩 길어내기 위해 안간힘을 다하는 이들을 바라보노라면 나의 관념은 사치인 것 같아 부끄럽다. 하지만 나는 죽음을 마치 뱀을 바라보듯 이물스럽게 받아들이고 싶지 않은 것이다. 물론 이것은 나의 관념이다. 죽음의 현실 앞에서 나의 태도가 어떻게 바뀔지 장담할 수 없다.

사람들은 왜 죽음을 두려워할까? 한 번도 경험해보지 못한 세계이기 때문에? 끈 떨어진 연처럼 익숙했던 모든 것들로부터 멀어지면서 나의 부재를 실감해야 하기 때문에? 아니면 누구의 말대로 남겨놓고 가야 하는 시신에 대한 혐오감 때문에? 나의 흔적이 퇴주잔에 쏟아 부어지는 술처럼 무의미하게 사라져 망각의 블랙홀 속으로 빨려 들어간다는 사실을 받아들일 수 없어서?

비록 고단할망정 사람들은 산 자의 땅에 머물기를 좋아한다. "모든 산 자들 중에 들어 있는 자에게는 누구나 소망이 있음은 산 개가 죽은 사자보다 낫기 때문이니라"(전 9:4).

사람은 불멸을 꿈꾼다. 물론 때가 되면 돌아가야 함을 모르지 않는다. 그렇기에 사람들은 자기들의 흔적을 세상에 남긴다. 불멸을 꿈꾸며. 고흐는 그림을 통해 불멸을 획득했다. 베토벤과 모차르트는 음악을 통해, 셰익스피어와 괴테는 문학을 통해 불멸에 들었다. 그들은 어떤 의미에서 인간 세상의 영웅들이다. 범죄와 연루되지 않았음을 밝히기 위해 사람들은 알리바이(부재증명)를 만들지만, 자기 존재의 흔적을 남기기 위해 안간힘을 다한다.

그러나 세속적인 불멸의 표징을 달고 간 이는 몇 되지 않는다. 보통 사람들은 죽음과 더불어 잊혀진다. 무덤가의 풀이 길어질수록 망각도 깊어간다. 그는 '없는 존재'가 되는 것이다. 인생은 흔적으로 남는다 한다. 그러나 그 흔적조차 시간을 견디지 못하고 흐려지다가 마침내 스러지고 만다는 것, 그것이 우리를 우울하게 한다.

세속적인 불멸조차 꿈꿀 수 없는 우리네 보통 사람들의 생은 소멸을 운명인 양 받아들여야 하는가? 그렇다면 오늘 살기 위해 몸부림치고 시간을 쟁기질하기 위해 땀흘려왔던 나날이, 갈등과 아픔의 심연을 온몸으로 헤치고 나아간 우리의 삶은 대체 무엇이란 말인가? 결국 인생이란 밍각의 허구렁을 향한 돌진일 뿐인가? 그렇지 않다. 어떤 생명도 무의미하지 않다. 생명이 남기고 간 흔적은, 그것이 크든 작든, 유의미하다.

우리가 영원히 사는 것을 믿는다고 고백하는 것은 시간을 무한히 연장하여 산다는 말이 아니다. 우리가 살든 죽든 하나님의 품을 벗어날 수 없음을 고백하는 것이다. 위대한 천재들이나 영웅들의 삶만이 불멸성을 획득하는 것이 아니다. 부조리하고 사소하고 헛되어 보이는 일조차도 하나님 사랑안에서 불멸의 것으로 받아들여진다는 것이다. 뻘 밭을 기어가는 지렁이의 흔적처럼 아련한 삶조차도 소중하게 받아들여주는 분이 있다는 사실이 우리를 살게 한다.

그러나 모든 것이 망각의 심연으로 들어가는 것이 아니라는 것, 시간 안에서 벌어지는 어떤 일에도 영원의 빛이 드리워 있다는 것은 오늘을 살게 하는 힘이지만, 오늘을 의미 있게 살아야 한다는 재촉이기도 하다. 어떻게 사는 것이 영원의 전망 속에서 살아가는 것인가?

예수는 그런 의미에서 우리의 모델이다. 이 말은 구속의 은총을 깎아내리려는 말이 아니다. 믿음이란 예수를 통한 구원을 받아들임인 동시에 예수 닮음에 대한 열망이 아닌가. 예수는 "나를 따르라" 했다. 예수 닮음과 예수 따름이야말로 우리를 아버지의 집으로 인도한다. 예수의 삶을 관통하고 있는 하나의 중심은 '하나님나라'이다. 그리고 하나님나라는 사랑의 나라이다. 예수는 사랑을 통해 영원에 이르는 길을 보여주었다. 사랑은 자기를 벗어나는 것이다. 곧 사랑은 자아의 출구요 영원의 입구이다. "진정한 사랑은 항상 옳다. 비록 틀렸을지라도." 아우구스티누스의 말을 연상시키는 밀란 쿤데라의 이 말은 얼마나 도전적인가.

사랑하는 자들의 용기 있는 고백

어떠한 경우에라도 사랑을 선택할 용기를 갖고 살 수 있을까? 우리는 경우에 따라서 사랑을 선택한다. 하지만 '어떠한 경우'에라도 사랑을 선택한다는 것은 거의 불가능하다. 미운 놈 미워하고 외면할 놈 외면하는 게 어쩌면 인간적이다. 그러나 신앙은 인간적 자연의 한계를 넘어선다. 그것은 자기를 넘어서려는 결단이다. 폭력으로 얼룩진 세상에서 간디와 마틴 루터 킹의 비폭력운동은 어리석은 것이다. 그러나 그 어리석음을 통해 하나님은 일하신다. 십자가가 보여주는 것이 바로 그것이다. 사랑할 수 없음을 넘어 사랑을 선택할 용기를 갖는다는 것, 그것은 시간 속에 영원을 끌어들이는 것이다. 영원히 사는 것을 믿는다는 고백은 사랑을 선택할 용기를 가진 이들의 고백이다.

인류의 근본적인 나눔은 '믿는 자'와 '안 믿는 자' 사이에 있는 것이 아니라, 스스로 만족하는 자와 다른 사람과 교류하는 자 사이에, 다른 사람들의 고통 앞에서 등을 돌리는 자와 그 고통을 나누겠다고 받아들이는 자 사이에 있다.

_《당신의 사랑은 어디 있습니까?》

빈민구호 공동체인 '엠마우스'의 창시자인 프랑스의 피에르 신부의 말은 우리에게 크나큰 도전이 되어 다가온다. 교회의 담을 높이 둘러치고 자폐적인 경건의 폐쇄회로를 맴도는 한국 교회는 피에르 신부의 말을 거울삼을 필요가 있다.

교회를 아들에게 혹은 사위에게 물려주면서 그 정당성을 강변하는 이들에게 그의 말은 하늘의 독백이 아닐는지…. 사랑은 자아의 출구라 했다. 사랑을 위해 자기 상실의 길, 고통의 길조차 마다하지 않은 이들에게 주어진 약속이 있다.

내가 들으니 보좌에서 큰 음성이 나서 이르되 보라, 하나님의 장막이 사람들과 함께 있으매 하나님이 그들과 함께 계시리니 그들은 하나님의 백성이 되고 하나님은 친히 그들과 함께 계셔서 모든 눈물을 그 눈에서 닦아주시니 다시는 사망이 없고 애통하는 것이나 곡하는 것이나 아픈 것이 다시 있지 아니하리니 처음 것들이 다 지나갔음이러라(계 21:3-4).

사도신경의 열두 대문을 통과하면서 나는 짐을 벗은 홀가분함을 느끼지만, 고백과 삶의 틈을 좁혀야 한다는 생각에 마음이 무겁다. 하지만 십자가는 벗어버려야 할 짐이 아니라, 지고 가야 할 보배가 아니던가? 달새는 온통 달만 생각한다는데 나는 지금 무엇을 생각하고 있는가? 그리고 당신은 무슨 생각을 하며 사는가?

/

진정한 믿음은 주격도 목적격도 붙일 수 없다.
참으로 믿는다는 것은 하나 되는 것이기 때문이다.
예수를 믿는다는 것은 그분의 꿈을 나의 꿈으로 삼아 살아가는 것이다.

/